25 Hz 相敏轨道电路原理、维护和故障处理

李文海　主编

中 国 铁 道 出 版 社

2017 年 · 北 京

内 容 简 介

本书从电路原理、维护标准、维护方法、故障判断分析等方面，对电气化铁路站内25 Hz相敏轨道电路进行了简单明了的叙述，便于现场信号工学习掌握25 Hz相敏轨道电路的基本维护要领，便于现场车间技术人员快速掌握设备发生问题后的解决方法。

本书可供铁路信号现场技术人员学习和参考。

图书在版编目（CIP）数据

25 Hz相敏轨道电路原理、维护和故障处理/李文海主编．—北京：中国铁道出版社，2010.7（2017.7重印）

ISBN 978-7-113-11743-6

Ⅰ.①2…　Ⅱ.①李…　Ⅲ.①相敏轨道电路-基本知识　Ⅳ.①U284.23

中国版本图书馆CIP数据核字（2010）第143854号

书　　名：25 Hz相敏轨道电路原理、维护和故障处理

作　　者：李文海　主编

责任编辑：崔忠文　　**电话：**（路）021-73146　　**电子信箱：**dianwu@vip.sina.com

封面设计：崔　欣

责任印制：郭向伟

出版发行：中国铁道出版社（100054，北京市西城区右安门西街8号）

网　　址：http://www.tdpress.com

印　　刷：北京精彩雅恒印刷有限公司

版　　次：2010年7月第1版　　2017年7月第5次印刷

开　　本：787 mm×1092 mm　1/16　印张：3.5　字数：54千

书　　号：ISBN 978-7-113-11743-6

定　　价：26.00元

前　　言

轨道电路是铁路信号系统的基础设备，是反映列车占用进路情况的基础环节，在铁路信号系统中占有较重要的地位。维护好轨道电路，发生故障及时处理是保证铁路信号系统正常高效运行的首要条件。因而掌握好轨道电路的原理、维护要领、电气性能以及故障处理，是现场信号设备维修人员的必备技能。

本书从电路原理、维护标准、维护方法、故障判断分析等方面，对电气化铁路站内25 Hz相敏轨道电路进行了简单明了的叙述，便于现场信号工学习掌握25 Hz相敏轨道电路的基本维护要领，便于现场车间技术人员快速掌握设备发生问题后的解决方法。

本书第一章、第二章的第三节、第三章的第四、五、六节由呼和浩特铁路局呼和电务段教育科科长李文海编写，第二章的第一节、第二节由呼和电务段教育科专职教员付宾德、集宁车间主任闫龙、段信号科工程师王飞编写，第三章第一节、第二节、第三节由呼和电务段包头检修检测车间副主任吴尧瑞、临河车间主任韩东辉编写。电务段朱振宇段长、总工程师李晏对全书提出了许多技术意见，电务处陈宏伟处长主审，电务处信号科长张建雄、高级工程师徐炳南审核，在此一并表示感谢！

由于编写水平有限，难免存在问题，敬请同仁提出宝贵意见。

编　者

2010年5月

目　录

第一章　电路原理

第一节　25 Hz 相敏轨道电路的产生

一、供电电路的设计

任何一个电路都由电源、负载、连接导线构成，电力机车用电电路也不例外，也是由电源、负载、连接导线构成。但是电力机车用电电路和一般意义上的电路有着明显不同，表现为负载（电力机车）是移动的。由于电力机车是移动的负载，所以电力机车与供电导线之间必须滑行接触，这就要求供电导线必须是裸露的导体。由于电力机车运行在钢轨上，供电的导线就必须架设在钢轨上方，同时要求架设的导线必须处在一个水平面上。如果采用双导线供电，由于在铁路线路上存在道岔，在道岔的上空四根双导线就会交叉在一起，导线又是裸露的，必然会形成供电导线混在一起，对供电电源短路，如图 1－1 所示。因

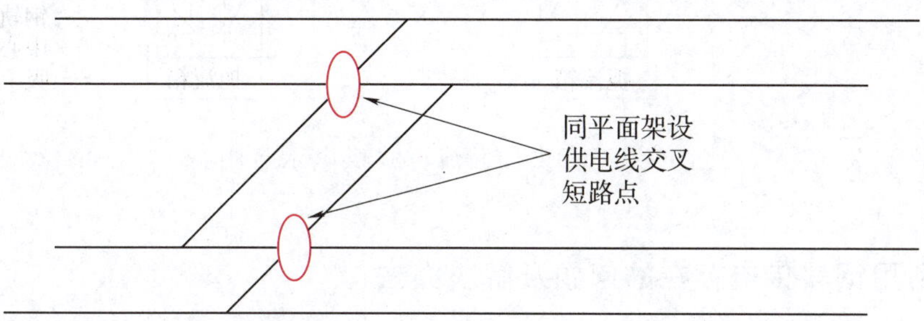

图 1－1　双线供电交叉示意图

而，不能采用双导线供电方式。供电部门设计了在钢轨上方架设与线路形状相同的单导线供电网，将其连接到电源一极上，机车用受电弓与网线滑行接触，从而和电源一极连接到了一起。电源的另一极如何与机车连接呢？供电部门利用了钢轨这个导体，也就是利用一定的方式，将电源和钢轨连接在一起，这样就实现了供电电源和机车的连接，电力机车可以得到电源而运行，如图 1－2 所示。

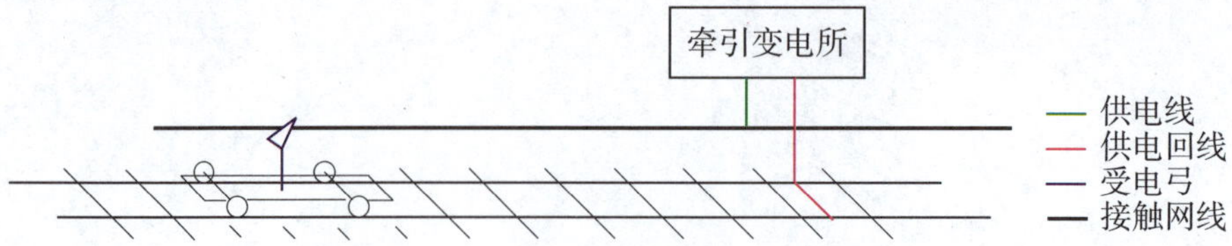

图 1－2　基本牵引供电示意图

二、供电方式

供电方式有 AT 供电方式、BT 供电方式、直供加回流方式。

AT 供电方式——利用自耦变压器设计的一种供电方式。

BT 供电方式——利用吸流变压器设计的一种供电方式。

直供加回流方式——利用回流线收集电流的一种供电方式。

呼和浩特铁路局管内全部采用直供加回流方式供电。如图 1－3 所示。

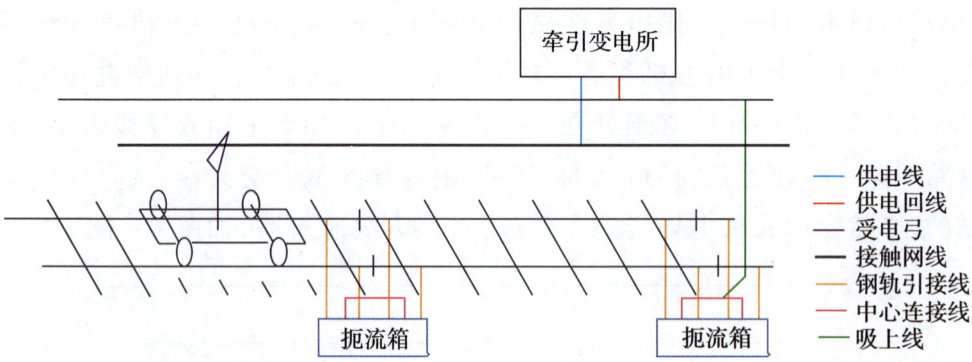

图 1－3　直供加回流方式供电示意图

三、利用钢轨传电存在的问题及解决办法

一是为了分割轨道电路，在钢轨上设置了大量的绝缘节，这样利用钢轨传输的供电电源就会受到绝缘节的堵截。二是轨道电路利用两条钢轨作为轨道信号一去一回的传输线，而机车供电电路将两条钢轨并接作为牵引电流的回线，因此在传输线的利用上轨道电路和机车供电电路存在矛盾，因而设计电路时必须解决好这两个问题。

为了解决这两个问题，研究设计了扼流变压器，利用扼流变压器的特点，解决绝缘堵截回流问题和化解钢轨"两线、一线"使用矛盾。扼流变压器的特点就是二次线圈（高压线圈）抽出 3 个抽头，如图 1－4 所示。在每个绝缘节两侧

图 1－4　扼流变压器实物图

设置两台变压器，将中心抽头连接在一起。如图 1－5 所示，扼流变压器的二次线圈（高压线圈）的两个半圈分别传送牵引电流使用；扼流变压器的一次线圈（信号线圈）、二次线圈的整圈作为轨道电路信号变压传输使用。钢轨中的牵引电流 I_1、I_2 经过扼流变压器高压线圈的两个半圈汇集到一起，经过中心连接线流向另一台扼流变压器的高压线圈，再经过该台扼流变压器高压线圈的两个半圈分流变为 I_3、I_4 流向钢轨，这样在钢轨绝缘处通过扼流变压器为牵引电流搭建了一条通道，使钢轨中的牵引电流可以顺利"通过"钢轨绝缘。同时扼流变压器一次线圈（信号线圈）中的轨道电流 I_5、I_6 在信号线圈上产生感应电压，变压到高压线圈的电压加载在钢轨上，通过两条钢轨传送轨道信号。这样解决了上述两个问题。

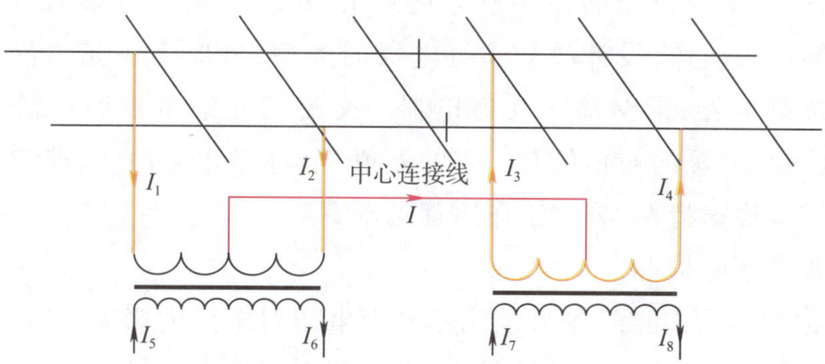

图 1－5　扼流变压器连接图

四、25 Hz 相敏轨道电路的结构

增设扼流变压器后，从物理连接上看，已经完成了机车供电电路和轨道电

路搭建任务。但是由于机车供电电路和轨道电路共用钢轨传输，这两个电路必然互相干扰。就干扰的结果来说，对轨道电路影响更大，表现为牵引电流 I_1、I_2 会在扼流变压器高压线圈的两个半圈上形成感应电压 V_1、V_2。由于两条钢轨阻抗不完全相等，就会造成 I_1、I_2 不可能完全相等，并且扼流变压器高压线圈的两个半圈的阻抗也不可能完全一致，所以在扼流变压器高压线圈的两个半圈上产生的感应电压 V_1、V_2 就不可能完全相等，导致在扼流变压器高压线圈整圈上的感应电压 $V = |V_1 - V_2|$ 不可能等于 0，如图 1－6 所示。这个不平衡电压可能造成轨道继电器的错误动作，为此在 JZXC－480 型轨道电路的基础上，采取了三项措施对电路进行了改造：

1. 改变轨道电路电源频率

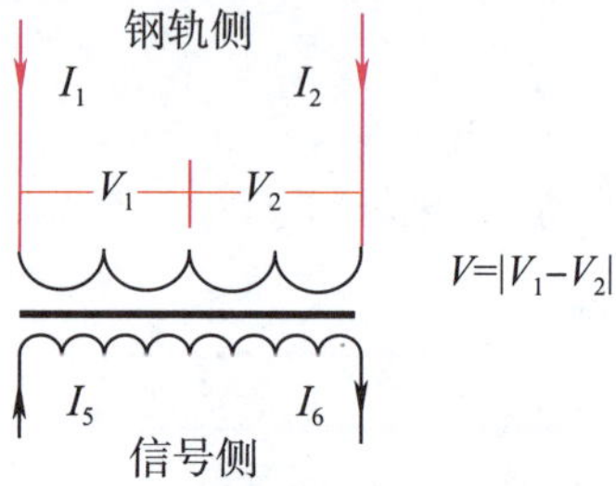

图 1－6　不平衡电压产生示意图

牵引电源频率为 50 Hz 工频，所以牵引回流在扼流变压器上产生的不平衡电压的频率也是 50 Hz，为了躲避这个电压对轨道电路的干扰，将轨道电路电源改为 25 Hz，从而产生了 25 Hz 轨道电路。

2. 增加相位检查

根据电工学原理，任何一个交流电都是由其奇次谐波和偶次谐波构成的，50 Hz 的电流也是由多个奇次谐波和多个偶次谐波构成的，因而即使改变轨道电源的频率，不平衡电压的 25 Hz 分量仍然有可能造成轨道继电器的错误动作，特别在机车加速、减速、升弓、降弓等特殊情况下，不平衡电压的频率成分更复杂，对轨道电路的影响更大。为了避免继电器错误动作，设计改变了继电器的类型，将原来一元二位继电器改为二元二位继电器，即交流二元继电器。交流二元继电器动作需要两个电源，并且这两个电源的初相位有一定的差值，继电器才能动作，即交流二元继电器具有相位检查特性，具体工作原理见本章第二节。

3. 增加频率防护

为了使电路更加可靠，彻底消除不平衡电压对电路的影响，还增加了频率防护。即在继电器线圈上并接防护盒、在扼流变压器上增设适配器，防护盒和适配器的工作原理见本章第三节。

频率躲避、相位检查、频率防护，这是 25 Hz 相敏轨道电路与 JWXC－480 型轨道电路的不同之处。图 1－7 表明了两种轨道电路的差别。

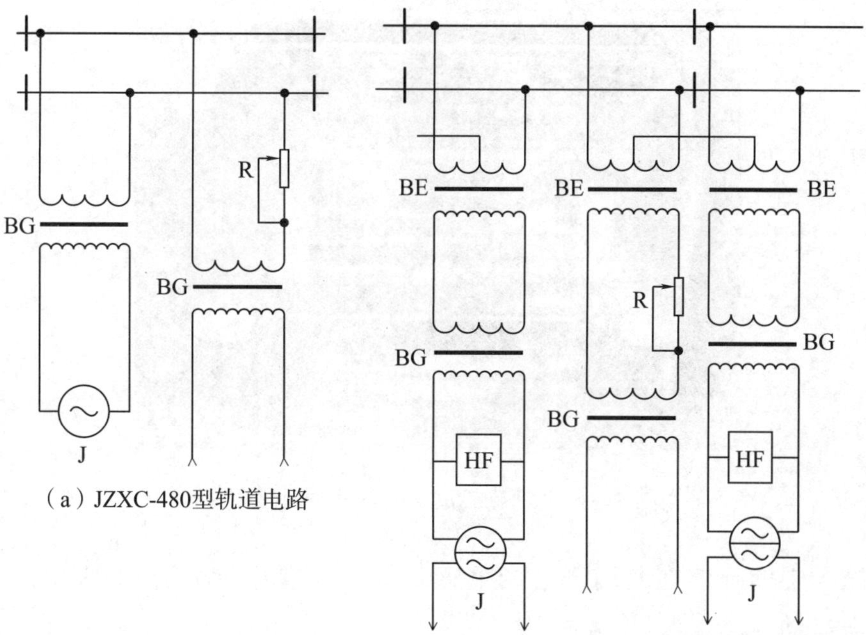

（a）JZXC-480型轨道电路

（b）25 Hz相敏轨道电路

图 1 －7　JZXC －480 型轨道电路和 25 Hz 相敏轨道电路的比较

第二节　交流二元继电器的工作原理

一、结　　构

交流二元继电器由局部线圈、轨道线圈、带轴铝翼板、接点系统构成。

局部线圈——铁芯上绕制线圈，通入局部电源，该电源由 25 Hz 电源屏供出，电压 110 V，频率 25 Hz。

轨道线圈——铁芯上绕制线圈，通入轨道电源，该电源由 25 Hz 电源屏供出，经轨道电路送电端传输至受电端得到电源，电压大于 15 V，频率 25 Hz。

局部电源和轨道电源的初相角在理想状态下相差 90°。

带轴铝翼板——呈椭圆形的铝金属板，其轴心方向与板平面方向成 90°。

接点系统——附着在铝翼板上，由接点支架和中、上接点片构成。交流二元继电器实物如图 1 －8 所示。

二、工作原理

交流二元继电器依据两条电磁感应原理工作。这两条电磁感应原理是：

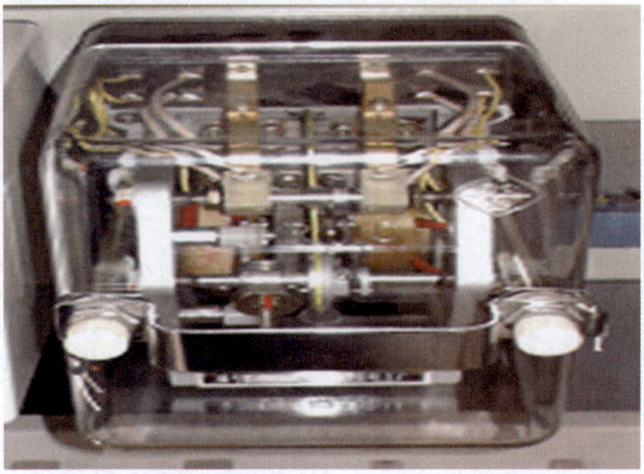

图 1-8　交流二元继电器实物示意图

①处在磁场中的导体在其内部会产生感应电动势或感应电流；②带电的导体在磁场中会运动。

铝翼板在局部线圈产生的磁场作用下，在其内部会产生涡流，带涡流的铝翼板在轨道线圈产生的磁场作用下会转动；同样地，铝翼板在轨道线圈产生的磁场作用下，在其内部会产生涡流，带涡流的铝翼板在局部线圈产生的磁场作用下会转动。两个线圈在铝翼板内产生的涡流方向一致，因而在两个磁场共同作用下，就会使铝翼板转动，铝翼板带动接点支架向上动作，从而中接点和上接点接通。任意一个磁场消失即任意一个电源消失，铝翼板在回位弹簧的作用下回位，中接点和上接点断开。

三、频率检查性和相位检查性

经过计算，只有局部电源、轨道电源的频率同为 25 Hz 时，在这两个电源的作用下铝翼板才能旋转，所以交流二元继电器具有对电源频率的检查特性。只有局部电源、轨道电源的初相角相差（局部电源超前轨道电源）90°时，在这两个电源作用下铝翼板的转矩最大，当局部电源和轨道电源初相角相同时，铝翼板的转矩为零，所以交流二元继电器具有对电源的相位检查性。

转矩公式：　$M = K \times U_j \times U_g \times \sin\beta$

M——铝翼板转矩；

K——系数；

U_j——局部线圈电压有效值；

U_g——轨道线圈电压有效值；

β——局部线圈电压和轨道线圈电压初相角的差值，也叫相位角。

由于局部电源的大小是110 V不变，因而铝翼板的转矩由 U_g 和 β 两个因素决定。下面分析这两个因素对转矩的影响。

1. 轨道电源对转矩的影响

由转矩公式可以看到，U_g 变化会带来转矩的变化，《铁路信号维护规则》（简称《维规》）规定，要求调整状态时交流二元继电器的工作电压不得大于15 V，因而通过对轨道电路的调整，在相位角 $\beta=90°$时，应该给继电器送入大于18 V（考虑可靠工作系数）的电压。

2. 相位角对转矩的影响

正弦函数的自变量 β 为90°时，正弦函数取得最大值为1，继电器的转矩也取得最大值。当自变量 β 为0°时，正弦函数取得最小值为0，继电器的转矩也取得最小值0，因而 β 不能为0。当相位角 β 偏离90°时，会造成转矩的下降，但是正弦函数是非线性函数，相位角 β 在60°～120°之间变化时，$\sin\beta$ 在0.866～1之间变化，对转矩的影响并不明显，只要略提高轨道电压 U_g，就可以使转矩 M 达到要求值。

通过上述计算，相位角即使变化到60°或120°，只要将轨道电压调高13%就可以满足继电器的转矩要求，因而在维修中没有必要特别强调相位角一定要处在理想的90°。

下面解释两个问题：

A. 相位角为什么会变化

由于钢轨铺设在大地上，同时钢轨又是大截面积导体，所以在钢轨上传输交流信号时，轨道电路中会存在钢轨间的分布电容、钢轨内部的电感以及道床电阻。轨道电路使用的主要器材有变压器、补偿电容。综合以上情况，轨道电路可以等效为图1－9。

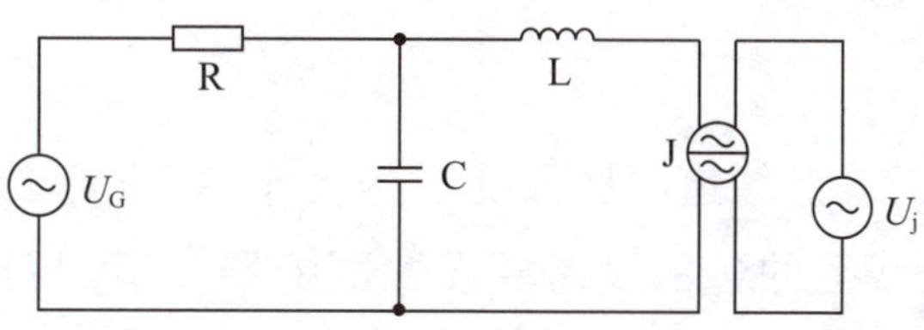

图1－9　轨道电路等效电路

25 Hz电源屏送出的轨道电路局部电源 U_j 和送电端电源 U_G 之间的相位角为90°。那么经过轨道电路的传输后，继电器得到的电压 U_j 和 U_g 之间的相位角为什么会发生变化呢？

局部电源通过导线直接接到继电器的局部线圈上，因而继电器得到的局部电源和电源屏供出的局部电源无论大小还是初相角都是相同的。而轨道电源则是通过轨道电路的传输送到继电器轨道线圈上的，其大小和初相角则由轨道电路中的各元件参数决定。图 1－9 中的总电流 $I=U_G/R_{总}$，当 $R_{总}$ 表现为纯电阻时，I 和 U_G 的初相角相同，所以在继电器上得到的 $U_g=I\times R_j$（继电器线圈阻值），与 U_G 的初相角相同，此时 U_j 和 U_g 之间的相位差是 90°；当 $R_{总}$ 表现为容性或感性时，I 就会滞后或超前 U_G，从而造成 U_j 和 U_g 的相位差偏离 90°。

B. 相位角变化对继电器造成的危害

在上面"相位角对转矩的影响"中叙述到，相位角对转矩在 60°～120°范围内变化其影响并不明显，那么相位角到底对继电器有什么影响呢？当 U_j 和 U_g 之间形成相位差偏离 90°时，U_g 和 U_j 通入继电器的轨道线圈和局部线圈后，在铝翼板内形成的涡流方向就会偏离铝翼板平面，从而就会使铝翼板受到左右摆动的力，由于翼板固定在轴上，所以此时翼板就会左右颤抖，长时间颤抖就会使轴套磨损而松动，造成继电器使用寿命下降。这是相位角变化对继电器造成的实质性的危害。依据这个道理，在实际维修中可以听到继电器工作时发出"嗡嗡"的响声，响声大说明相位角偏离 90°多，响声小说明相位角偏离 90°少。

第三节　适配器、防护盒的工作原理

适配器和防护盒在电路中的作用相同，都起阻止不平衡电压对继电器工作干扰的作用，但工作原理和设置地点不同。

一、适 配 器

1. 设置原则

由于正线包括正线上的道岔区段通过的列车多，交流二元继电器更容易受到干扰，所以处在正线上的各区段需要设置适配器。适配器一般设置在正线上各区段的扼流变压器内。

2. 内部结构

适配器由一个电容和带有多个抽头的线圈构成，如图 1－10 所示。在制造扼流变压器时，在信号圈铁芯上多绕制一些线圈，并抽出抽头，将电容用密封胶灌注在扼流变压器箱内。

(a)带有适配器的扼流变压器

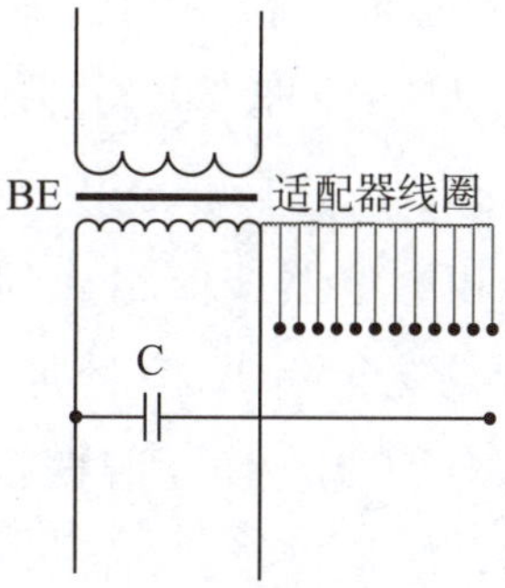

(b)适配器电路图

图 1－10　适配器

3. 工作原理

将电感线圈和电容串联起来，并接到扼流变压器的信号圈上，并调整电感的大小，使电容和适配器线圈、扼流变压器线圈串联形成的电感构成对 50 Hz 信号的谐振，当 50 Hz 信号加到这个谐振电路上时，电路对 50 Hz 信号形成短路，将 50 Hz 信号能量释放。由此可以看到，加设适配器就是将 50 Hz 不平衡电压利用谐振原理处理掉，从而减少了不平衡电压对轨道电路电源和继电器动作的干扰。适配器起消除 50 Hz 信号干扰的作用，因此在调整时要求施工部门将其调整在对 50 Hz 信号谐振的状态下，抽头一旦固定再不允许改变。

4. 对电路的影响

适配器由电容和电感构成，将其接到电路里必然会带来轨道电路参数的变化，即电路中的总阻抗的大小、方向发生变化。总阻抗发生变化就会引起电路中的总电流变化，就会引起 U_g 的大小以及初相角变化。在使用中当轨道电压和相位角同时发生变化时，可以确定为适配器或防护盒故障。

二、防 护 盒

1. 设　　置

在每个继电器旁边设置一个防护盒，用来防止不平衡电压对继电器的干扰。

2. 内部结构

防护盒由一个电感线圈和多个电容构成，如图 1－11 所示。在防护盒背后设有调整连接孔。

3. 工作原理

防护盒和适配器一样用来防止不平衡电压对继电器的干扰，其工作原理也采用了谐振原理，即通过调整防护盒的电容的大小，由防护盒内部的电感线圈、电容和继电器线圈组成对 50 Hz 信号的谐振。当 50 Hz 信号加到电路上时，电路对 50 Hz 信号谐振而短路，将 50 Hz 信号能量释放，从而消除了 50 Hz 不平衡电压对继电器的干扰。**防护盒同适配器一样，也起消除 50 Hz 信号干扰的作用，因此在调整时要求施工部门将其调整在对 50 Hz 信号谐振的状态下，连接端子一旦固定不允许改变。**

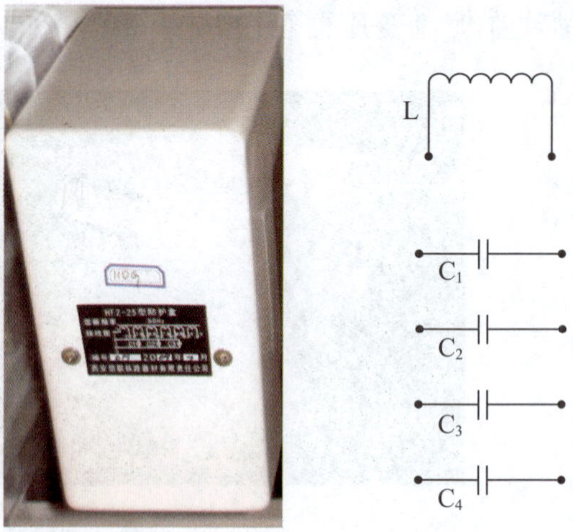

(a)防护盒实物示意图　　(b)内部电路图

图 1－11　防护盒

4. 对电路的影响

同适配器一样，防护盒也由电容和电感构成，将其接到电路里必然会带来轨道电路参数的变化，即电路中的总阻抗的大小、方向发生变化。总阻抗发生变化就会引起电路中的总电流变化，就会引起 U_g 的大小、初相角变化，因此改变防护盒的连接端子，会造成 U_g 的变化以及相位角的变化。因此当防护盒端子固定后，再不允许随意变动。

第四节　迂回电路的形成与克服方法

相邻两区段扼流变压器的中心连接板连接是为了沟通牵引回流，但连接后会造成轨道电路中形成大量的迂回电路。迂回电路带来两个问题，一是钢轨断轨得不到检查，二是占用本区段会造成相邻区段电压下降。下面分别叙述三种迂回电路及其克服方法。

一、八字迂回

如图 1－12 所示，当ⅡG 的一条钢轨断轨后，轨道电源就会通过图中的红色线将轨道电压的一半传输到受电端，在钢轨断轨的情况下轨道继电器有可能错误吸起，这是不允许的。解决这个问题的方法是：将回路中一处扼流变压器的中心连接板断开。中心连接板断开的地点遵循两个原则，一是尽量在侧线扼流变压器上，二是在不设吸上线的扼流变压器上。在维修中切忌不能见到不设中心连接板就错误地去装设。

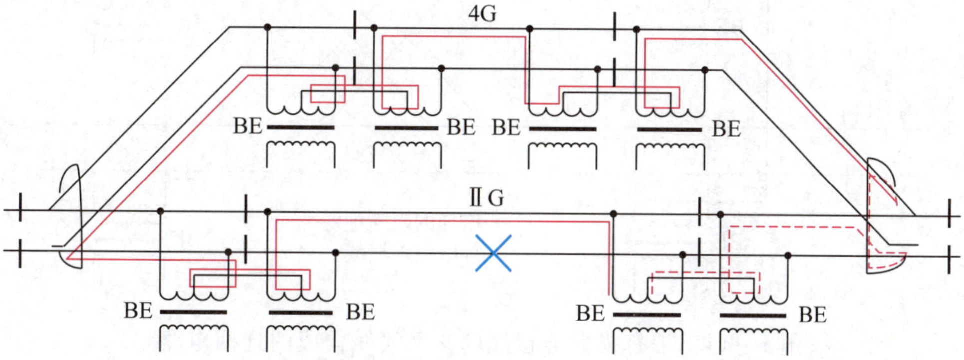

图 1-12　股道内的八字迂回电路

另外，在理解八字迂回电路时，不要仅仅局限于股道上形成的大八字，在道岔区段一组单动道岔和一组交叉渡线道岔或两组相邻交叉渡线道岔间也可以构成八字迂回，此时断开电路中任何一处扼流变压器的中心连接板，都会中断牵引回流通道，在这种情况下，需要在交叉渡线上加设绝缘来阻断迂回电路。如图 1-13 所示。

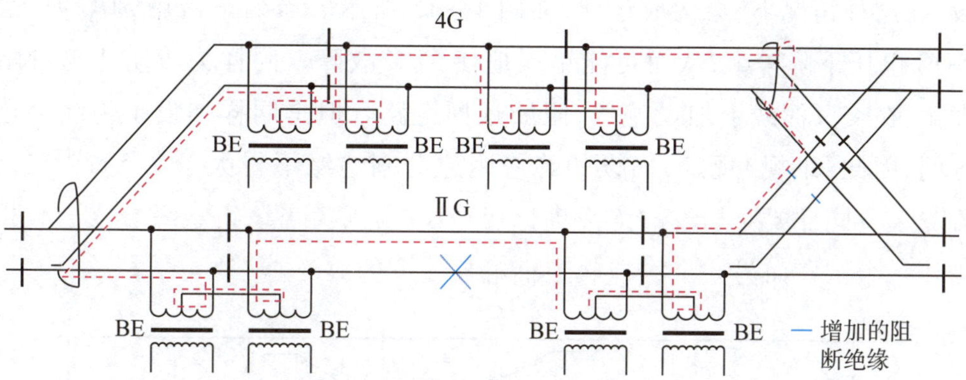

图 1-13　道岔区段内的八字迂回电路

二、设有横向连接线的交叉渡线构成的迂回

由于横向连接线一般设在车站的进站端口，所以处在车站端口处的交叉渡线会出现这种情况，如图 1-14 所示。

当列车占用 1/7DG 时，会造成 3/5DG 电压下降一半，从而可能错误地使 3/5DG 故障。为了防止这种情况的发生，在交叉渡线上加设绝缘，阻断迂回电

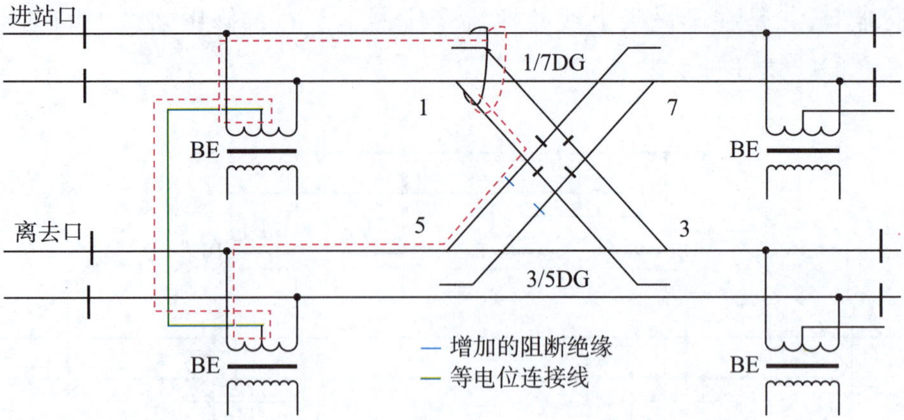

图 1－14　带有横向连接线的交叉渡线构成的迂回电路

路。但是加设了绝缘会造成死区间，因此《维规》规定，加设的绝缘距原分割绝缘不得大于 2.5 m。在维修中维修人员要对加设的绝缘进行特别检查，因为当该组绝缘破损会直接导致占用一个区段而另一个区段轨道继电器落下的故障。

三、交叉渡线划分为四区段构成的迂回

一般情况下交叉渡线划分为两个区段，但在极特别的情况下会划分为四个区段，在这种情况下，会构成迂回，如图 1－15 所示。当列车占用 3DG 时，会造成 5DG 电压下降一半，从而可能错误地使 5DG 故障。同样为了防止这种情况的发生，在交叉渡线上加设绝缘，阻断迂回电路。但是同样加设了绝缘会造成死区间，因此《维规》规定，加设的绝缘距原分割绝缘不得大于 2.5 m。在维修中维修人员同样要对加设的绝缘进行特别检查，因为当该组绝缘破损会直接导致占用一个区段而另一个区段轨道继电器落下的故障。

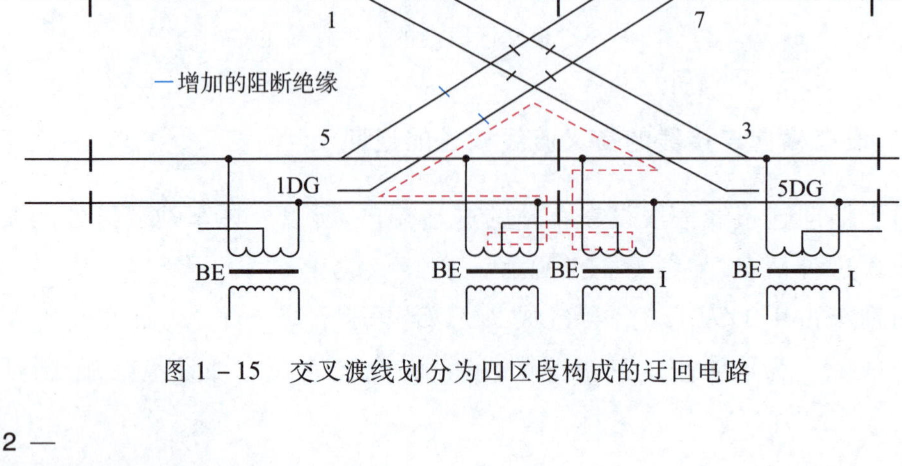

图 1－15　交叉渡线划分为四区段构成的迂回电路

第五节　站内电码化

本书叙述的站内电码化指 25 Hz 相敏轨道电路上叠加 ZPW－2000A 电码化。

由于叠加地点的不同，站内电码化分为二线制和四线制叠加。

一、发码方式

为了能够让机车连续地接收到反映地面信号机状态的信息，须采用连续迎面发码方式。所以对于轨道电路而言，可能是送端发码也可能是受端发码。如图 1－16 所示。

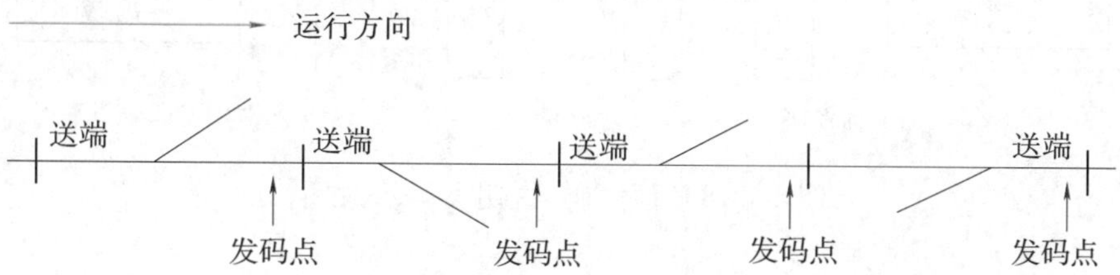

图 1－16　发码点示意图

二、发码的地点

为了使司机能够及时了解地面列车信号机的显示，发码的地点应该设置在列车信号机的接近区段。正线出站信号机处于开放状态时，其接近区段要延长到进站信号机，因而正线出站信号机开放后其发码区段为进站信号机至出站信号机间的所有区段。如图 1－17 所示。调车信号机的接近区段目前没有电码化。

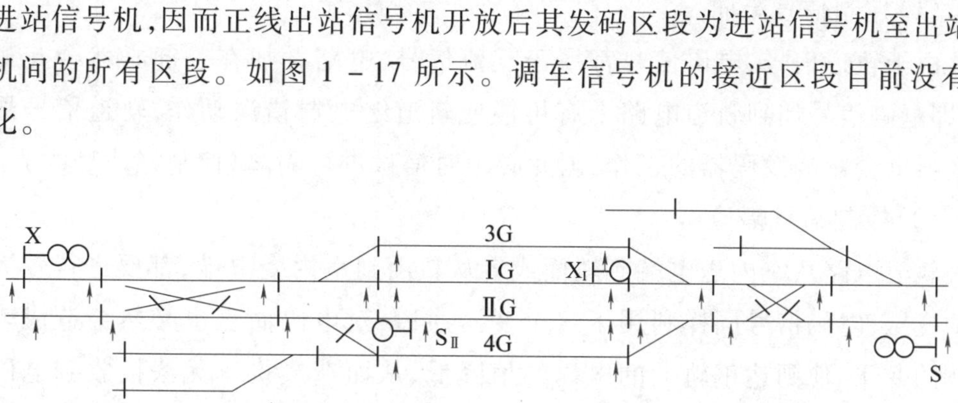

图 1－17　发码区段示意图

三、发码的时机

发码的时机分为预发码、占用发码。

预发码:列车占用本区段的前区段,本区段开始发码。咽喉区的道岔区段一般采用预发码。如图 1-18(a)所示。

占用发码:列车占用本区段,本区段开始发码。股道一般采用占用发码。如图 1-18(b)所示。

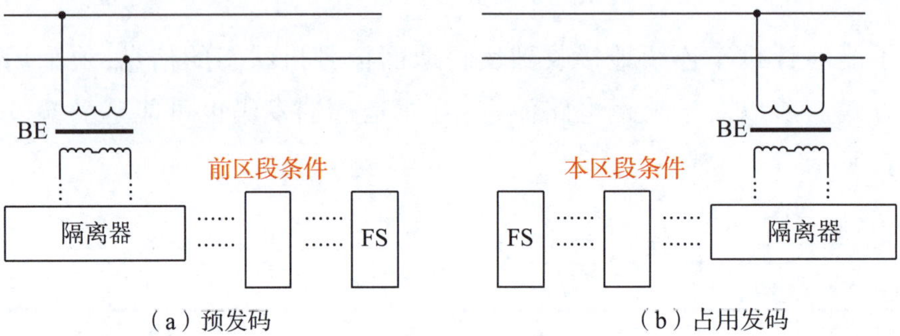

图 1-18　预发码、占用发码示意图

四、二线制叠加发码

1. 电路的叠加点

轨道电路和发码电路的连接点设在室外分线盘上,电码信息的传输和轨道电路合用原轨道电路传输用的一对电缆芯线,所以叫做二线制叠加。

2. 合并后的电路要解决的问题

(1)控制信号流向

由于轨道信号、电码信号都属于交流信号,电路叠加在一起必然会互相干扰,即电码信号加到轨道电路上有可能使轨道继电器错误动作,轨道信号加到发送器上会影响发码器的工作,因此必须对信号进行隔离,控制好信号的流向。

(2)控制信号幅值

轨道电路从室内送电端到轨面或者从轨面到室内受电端,都要进行较大比例的变压,电码信号同样利用了这个变压通道,对电码而言也必然会造成较大比例的变压,使到达钢轨上的电码幅值降低,从而造成机车无法接收到电码信号,因此必须对幅值进行处理,控制好轨道信号和电码信号到达钢轨上的幅值。

为了控制信号流向和信号幅值,在原 25 Hz 相敏轨道电路中增设了室内隔离盒和室外隔离盒。如图 1－19 所示。

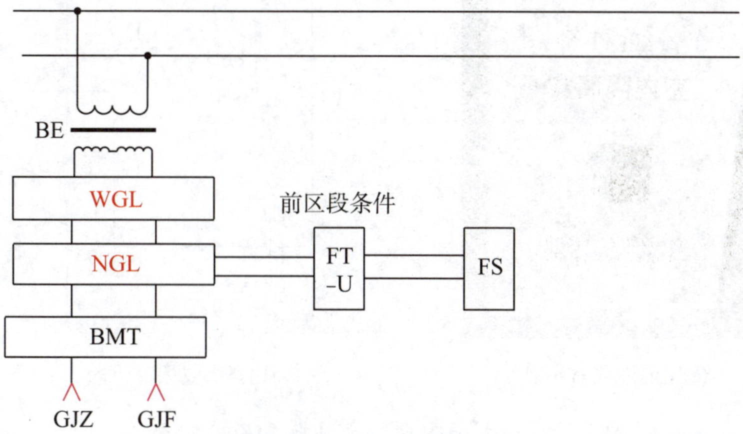

图 1－19　二线制送端叠加电路图

3. 室内隔离盒(NGL)

为了控制信号流向,设置室内隔离盒。如图 1－20 所示。图中红色箭头标明信号应该传输的方向,蓝色箭头表示信号不应该传输的方向。设置室内隔离盒,可以使轨道信号和移频信号都向钢轨方向传送。

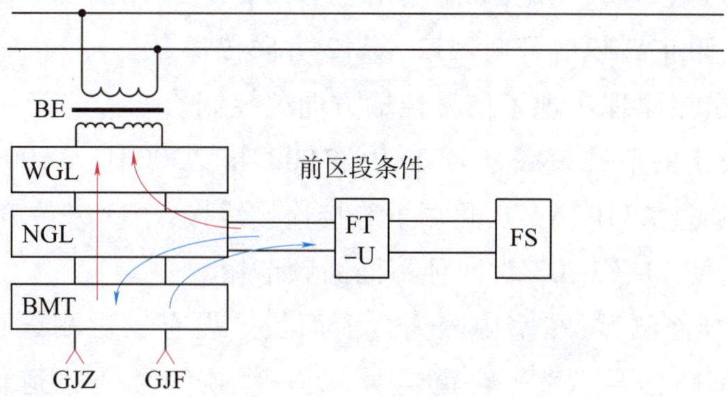

图 1－20　信号传输方向示意图

(1)室内隔离盒的结构和作用

如图 1－21 所示,室内隔离盒由电感线圈、电容器组成,用于控制移频信号和轨道信号的传输方向。

(2)室内隔离盒的工作原理

室内隔离盒采用谐振原理将无效信号通过谐振回路“短路”,从而控制信号不向不应该传向的地方传输,如图 1－21 所示。

(a)室内隔离盒实物

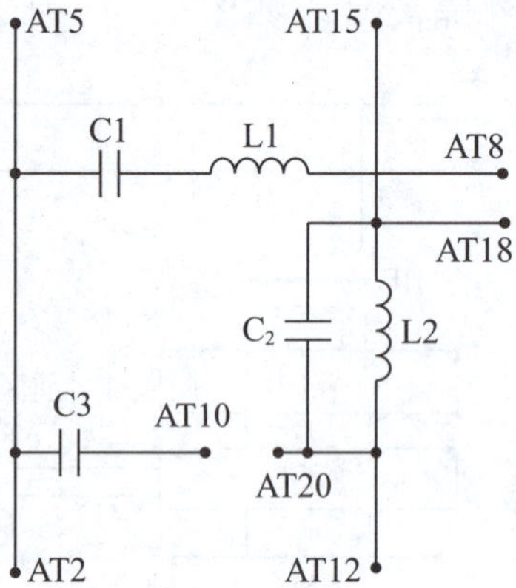

(b)室内隔离盒电路

图 1-21　室内隔离盒的实物和电路示意图

当轨道信号从 AT2、AT12 输入时，由于 L2、C2 对 25 Hz 信号谐振表现出低阻抗，25 Hz 信号可以通过 L2、C2 输出至 AT5、AT15，L2、C2 上的电压降在送端不超过 2 V，在受端不超过 0.3 V。同时 L1、C1 对高频信号构成谐振，对 25 Hz 信号表现出大阻抗，阻止 25 Hz 信号向移频信号输入端方向 AT8、AT18 传送。

当移频信号从 AT8、AT18 输入时，C1、C3 和 L1 对移频信号谐振，表现出低阻抗，移频信号可以通过 L1、C1 而输出至 AT5、AT15，同时 L2、C2 对移频信号表现出高阻抗，阻止高频信号向 AT2、AT12 方向传送。

电路利用谐振原理实现了信号传输方向的控制。

由于 FS 发出的信号频率有 1 700 Hz、2 000 Hz、2 300 Hz、2 600 Hz 四种，所以在实际应用中通过 AT10、AT20 间端子跨接连接线接入 C3 来改变 L1、C1、C3 的固有谐振频率，使 L1、C1、C3 对四种不同高频谐振。

为了方便维修测试，在室内隔离盒前面板上设有三对测试孔，分别是 U_y、U_z、U_{25}。U_y—移频信号，U_{25}—轨道信号，U_z—移频信号和轨道信号的综合信号。通过测试可以掌握信号的大小和室内隔离盒的工作情况。

4. 室外隔离盒(WGL)

为了控制信号幅值，设置室外隔离盒。

(1)室外隔离盒的结构和作用

如图 1-22 所示，室外隔离盒由隔离变压器和电容器、电感线圈组成。室外隔离盒将轨道信号和移频信号分开，使移频信号不经过变压直接向钢轨传输，使轨道信号经过 BG 变压传向钢轨，从而控制了传向钢轨的移频信号和轨道信号幅值的大小。

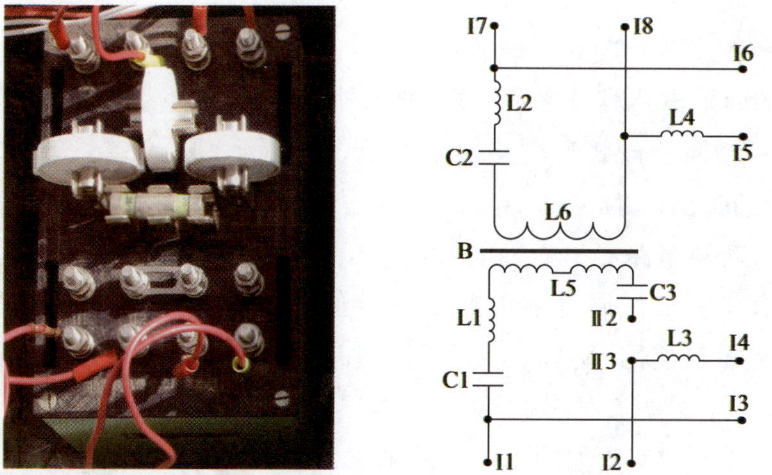

图 1－22　室外隔离盒实物和电路示意图

(2)室外隔离盒的工作原理

当 U_z 信号加到隔离变压器的Ⅰ1、Ⅰ2 上时,由于 L1、C1、L5、C3 对高频信号谐振,对 25 Hz 信号表现出高阻抗,阻止 25 Hz 信号经变压器 B 向Ⅰ7、Ⅰ8 传送。25 Hz 信号只能经过 L3 传至Ⅰ3、Ⅰ4,再经轨道变压器变压传到Ⅰ5、Ⅰ6,然后经过 L4 及限制电阻传回Ⅰ7、Ⅰ8,最后到达钢轨,实现了对 25 Hz 信号的变压输出。

由于 L1、C1、L5、C3 构成的谐振电路是高频谐振电路,以及 L2、C2 构成的谐振电路也是高频谐振电路,所以 U_z 中的高频信号可以通过 L1、C1、C3 到达 L5,然后感应到 L6,经过 C2、L2 传至Ⅰ7、Ⅰ8,最后到达钢轨,实现了高频信号的不变压输出。

由于 FS 发出的信号频率有 1 700 Hz、2 000 Hz、2 300 Hz、2 600 Hz 四种,所以在实际应用中通过Ⅱ2、Ⅱ3 间端子跨接连接线接入 C3 来改变 L1、C1、C3 的固有谐振频率,使 L1、C1、C3 对四种不同高频谐振。

特别要指出的是,由于轨道变压器的线圈参与了谐振,所以其端子必须固定使用,否则就会造成电码信号(移频信号)的幅值在传输过程中降低,进而使机车接收不到电码。**因此,在日常维修中,对于二线制叠加电路,不允许调整轨道变压器的连接端子。**

由于二线制叠加电路不允许调整轨道变压器的连接端子,因此,在这种情况下轨道变压器变成了不能调整的变压器。那么又如何完成轨道电压的调整任务呢?为了完成这个任务,在二线制叠加电路中,在室内又设置了调整变压器(BMT)。

5. 调整变压器(BMT)

不同的轨道电路其长度不一样,要求轨道电路送电端的轨面电压的大小也不一样,另外,同一段轨道电路由于季节、气候条件的不同,要求的送电端轨面电压也不一样,因此,轨道电路必须做到能够调整送电端电压。由于在二线制叠加电路中,轨道变压器的线圈固定使用,所以在二线制叠加电路中,轨道电压的调整任务由调整变压器完成。调整变压器的实物如图1－23所示。

在变压器背部侧设有调整连接端子,依照调整表,可以通过改变连接端子,改变送电电源的大小,从而实现对轨道电路送电端轨面电压的调整。

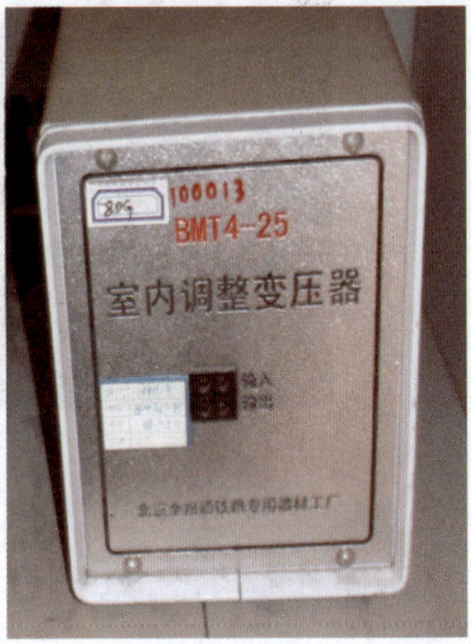

图1－23　调整变压器实物示意图

五、四线制叠加发码

1. 电路的叠加点

轨道电路和发码电路的连接点设在室外轨道变压器的二次侧端子上,电码信息的传输单独用了一对电缆芯线,这样加上轨道电路用的一对电缆芯线,共使用了4条电缆芯线,所以叫做四线制叠加。

2. 合并后的电路要解决的问题

四线制叠加电路,由于叠加点在轨道变压器的二次侧端子上,所以不存在电码信号的幅值控制问题。对于四线制叠加发码,只要控制好信号的流向,电路就可以可靠工作。

为了控制信号流向,在原25 Hz相敏轨道电路中增设了匹配盒(HBP)和感容盒(HLC)。如图1－24所示。

3. 匹配盒(HBP)的作用

高频信号在传输过程中,当遇到高低阻抗转换时,必须设匹配器进行阻抗匹配,否则就会在转换点处造成信号的大幅度衰减。FS是高内阻设备,钢轨是低内阻设备,为了将FS产生的信号顺利传向钢轨,在电路中设置了匹配盒,匹配盒起到阻抗转换的作用。其次,当25 Hz信号到达匹配盒次级时,次级上的电容和次级线圈构成的谐振电路对25 Hz信号谐振,表现出极低阻抗,相当于对

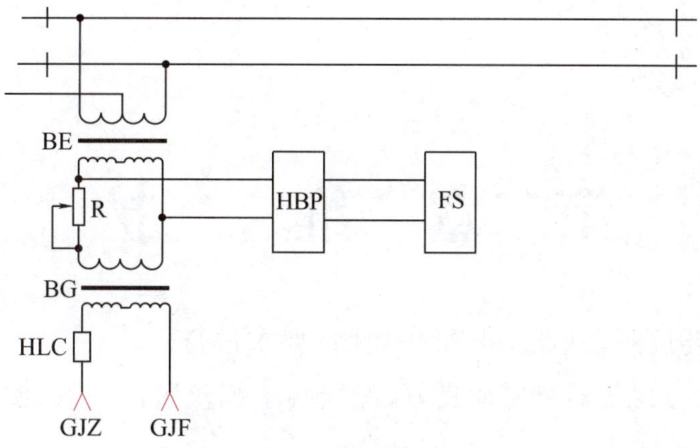

图 1－24　四线制叠加电路图

25 Hz 信号“短路”，从而阻止了 25 Hz 信号向 FS 传送。匹配盒电路示意图如图 1－25所示。

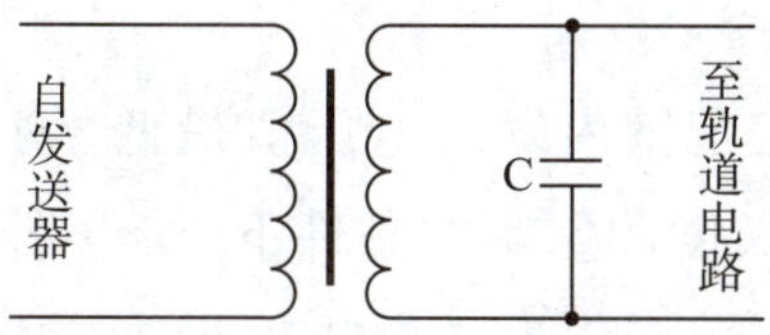

图 1－25　匹配盒电路示意图

4. 感容盒（HLC）的作用

为了防止电码信号流向电源设备（送端叠加）或继电器（受端叠加），干扰电源屏或继电器工作，在电路中增设感容盒。感容盒串接到电路中，因此，需要电容、电感形成的谐振电路对 25 Hz 信号表现出低阻抗，即谐振频率为 25 Hz，25 Hz信号可以通过感容盒。当电码信号经过感容盒时，由于感容盒对高频信号不谐振，表现出高阻抗，因此电码信号被阻止，防止了电码信号对电源设备或继电器的干扰。感容盒电路示意图如图 1－26 所示。特别指出，只要是四线叠加发码区段，不管是送端发码还是受端发码，在送端、受端（含一送多受分歧端）必须设置感容盒。

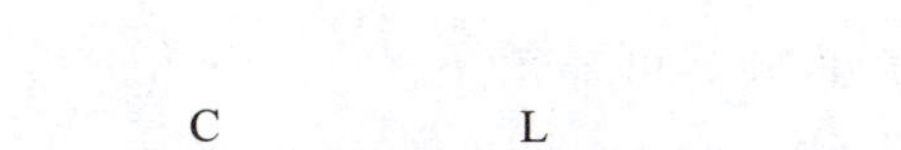

图 1－26　感容盒电路示意图

第二章　维　　护

维护测试要按照《铁路信号维护规则》要求进行。

维护中要做到:各器材紧固良好,配线端子螺丝紧固良好,配线绑扎良好无毛刺,器材清洁无灰尘。

第一节　维护标准

一、通　　则

1. 当轨道电路在规定范围内发送电压值最低、钢轨阻抗值最大、道床电阻值最小、轨道电路为极限长度和空闲的条件下,受电端的接收设备应可靠工作。

2. 当轨道电路在规定范围内发送电压值最高、钢轨阻抗值最小、道床电阻值最大的条件下,用标准分路电阻线在轨道电路的任意处可靠分路(不含死区段),受电端的接收设备应可靠地停止工作。

3. 当轨道电路调整状态或分路状态在各自最不利条件下,轨道电路设备应能长期工作而不过载。

4. 在规定的技术能力范围内应实现一次调整。

5. 当发送电压、道床电阻为最小值,钢轨阻抗为最大值时,机车进入轨道电路入口端接收最小信号电流至出口端接收最大信号电流时,应保证机车信号可靠工作。

6. 适用于电力牵引区段的轨道电路,应能防护连续或断续的不平衡牵引电流的干扰。当不平衡电流在规定值以下时,应保证调整状态时轨道继电器可靠吸起,分路状态时轨道继电器可靠落下。

7. 轨道电路钢轨绝缘的设置应符合下列要求:

(1)在道岔区段,设于警冲标内方的钢轨绝缘,除双动道岔渡线上的绝缘外,其安装位置距警冲标不得小于 3.5 m,当不得已必须装于警冲标内方小于 3.5m 处时,应按侵入限界考虑。

(2)轨道电路的两钢轨绝缘应设在同一坐标处，当不能设在同一坐标时，其错开的距离（死区段）应不大于 2.5 m，对旧结构道岔，道岔内的死区段不大于 5 m。

(3)两相邻死区段间的间隔或与死区段相邻的轨道电路的间隔，一般不小于 18 m；当死区段的长度小于 2.1 m 时，其与相邻死区段的间隔或与相邻轨道电路的间隔允许 15 ~ 18 m。

(4)设于信号机处的钢轨绝缘，应与信号机坐标相同，当不可能设在同一坐标时，应符合下列要求：

①进站、接车进路信号机处，钢轨绝缘可设在信号机前方 1 m 或后方 1 m 的范围内；

②出站（包括出站兼调车）或发车进路信号机处，钢轨绝缘可设在信号机前 1 m 或后方 6.5 m 的范围内；

③调车信号机处，钢轨绝缘可设在信号机前方或后方各 1 m 的范围内，当该信号机设在到发线时，按第②项规定处理。

(5)集中联锁车站的牵出线、机待线、出库线、专用线或其他用途的尽头线入口处的调车信号机前方，应设轨道电路，其长度不得小于 25 m。

(6)列车运行速度不超过 120 km/h 时非自动闭塞区段的集中联锁车站，进站预告信号机处的钢轨绝缘，宜安装在预告信号机前方 100 m 处。

(7)异型钢轨接头处，不得安装钢轨绝缘。

(8)在平交道口处的钢轨绝缘，应安装在公路路面两侧外不小于 2 m 处。桥梁（隧道）护轮轨两端应安装钢轨绝缘，护轮轨超过 200 m 时，每根护轮轨间隔 200 m 增加 1 组钢轨绝缘。

8. 轨道电路内的各种绝缘装置，均须保持绝缘良好。邻接轨道电路间的钢轨绝缘破损时，轨道接收设备应不受邻接轨道电路电流的影响而误动或有符合设计要求的防护措施。

9. 钢轨绝缘应做到钢轨、槽形绝缘、钢轨连接夹板（鱼尾板）相吻合，轨端绝缘安装应与钢轨接头保持平直。采用高强度钢轨绝缘（即使用高强度螺栓、螺母、铁平垫圈和高强度绝缘垫圈）时，每根螺栓紧固后的扭矩：43 kg/m、50 kg/m钢轨应不小于 700 N · m；60 kg/m 及其以上钢轨应不小于 900 N · m。

10. 装有钢轨绝缘处的轨缝应保持在 6 ~ 10 mm，两钢轨头部应在同一平面，高低相差不大于 2 mm；在钢轨绝缘处的轨枕应保持坚固，道床捣固良好。

11. 在轨道电路区段内的道床，应保持清洁及排水良好。道砟面与钢轨底面的距离应保持在30 mm以上。

12. 道岔区段的轨道电路应符合下列要求：

(1)轨道电路的道岔跳线应采用双跳线。

(2)与到发线相衔接的道岔轨道电路的分支末端，应设接收端。

(3)所有列车进路上的道岔区段，其分支长度超过65 m时（自并联起点道岔的叉心算起），在该分支端应设接收端。

(4)个别分支长度小于65 m、分路不良、危及行车安全的分支线末端，亦应增设接收端。

(5)一送多受轨道电路，同一道岔最多不应超过3个接收端（单动道岔不超过3组，复式交分道岔不超过2组）。

13. 轨道电路的钢轨接续线应满足下列要求：

(1)塞钉式接续线须采用ϕ5 mm镀锌铁线2根，铁线应无影响强度的伤痕，焊接牢固；塞钉式接续线的塞钉打入深度最少与轨腰平，露出不超过5 mm，塞钉与塞钉孔要全面紧密接触，并涂漆封闭；保持线条密贴钢轨连接夹板（鱼尾板），达到平、紧、直。

(2)焊接式接续线须采用截面积不小于25 mm^2（非电气化区段）的多股镀锌钢绞线；焊接线焊在钢轨两端，两焊点中心距离应在70～150 mm范围内，焊接接头的上端端头应低于新钢轨轨面11 mm，与钢轨连接夹板（鱼尾板）固定螺母竖向中心线的间距不得小于10 mm，焊接接头外观应光滑饱满，焊接牢固，焊位正确，导线无损伤，无漏焊、假焊；焊接线焊后须涂防锈涂料；焊接线应油润无锈，断根不得超过1/5。

14. 轨道电路的道岔跳线和钢轨引接线应符合下列要求：

(1)道岔跳线和钢轨引接线须采用截面积不小于15 mm^2（非电气化区段，ϕ1.0 mm×19）或截面积不小于42 mm^2（电气化区段，ϕ1.2 mm×37）的多股镀锌钢绞线。道岔跳线应按规定位置安装，跳线敷设应平直。

(2)钢轨引接线塞钉孔距钢轨连接夹板（鱼尾板）边缘应为100 mm左右。引接线与变压器箱、电缆盒连接时，应将螺母拧紧，不得有松动现象。绝缘片、绝缘管应完整无破损，保证绝缘良好。引接线的裸线部分不得与箱、盒金属体接触。

(3)跳线和引接线的长度、规格适当，焊接牢固；应平直地固定在枕木或其他专用的设备上，不得埋于土或石砟中，并须涂油防蚀，断根不得超过1/5。

(4)跳线和引接线处不得有防爬器和轨距杆等物。穿越钢轨处，距轨底不应小于 30 mm，不得与可能造成短路的金属件接触。

二、25 Hz 相敏轨道电路维护标准

1. 调整状态下，轨道继电器轨道线圈上的有效电压不小于 15 V，且不得大于调整表规定的最大值。轨道线圈电压滞后于局部电压的相位角应在 90° ± 30°以内。

2. 用 0.06 Ω 标准分路电阻线在轨道区段送、受端的轨面上任意一处分路时，轨道继电器轨道线圈端电压应小于或等于 7.4 V，其前接点应断开。

3. 轨道电路送、受端扼流变压器至钢轨应采用等阻线，接线电阻不大于 0.1 Ω。

4. 轨道电路送、受电端轨道变压器至扼流变压器的接线电阻不大于 0.3 Ω。

5. 轨道电路电源屏至送电端轨道变压器一次侧的电缆允许压降 30 V，轨道继电器至轨道变压器的电缆接线电阻不大于 150 Ω。

6. 轨道电路送电端的限流电阻，其阻值应按参考调整表给出的数值，予以固定，不得调小，更不得调至零值。

7. 轨道电路送、受电端的电阻器，其阻值应按参考调整表给出的数值进行设置。

8. 在电码化区段，于机车信号入口端用 0.06 Ω 标准分路电阻线分路时，应满足动作机车信号最小短路电流的要求。

9. 防雷补偿器应满足电容局部耐压 250 V，硒堆接收工作电压为 90 V。

10. 25 Hz 电源屏输出电源：轨道电压 AC220 V + 6.6 V，局部电压 AC110 V + 3.3 V，局部电源电压超前轨道电源电压 90°。

11. 相邻轨道区段应满足 25 Hz 相敏轨道电路极性交叉要求。

第二节 维护要领

一、25 Hz 相敏轨道电路的测试

1. 测试项目

(1)送电端：隔离盒(WGL－U)Ⅰ次电压、Ⅱ次电压；变压器(130/25)Ⅰ次电压、Ⅱ次电压；限流电阻电压；扼流变压器Ⅰ次电压、Ⅱ次电压；轨面电压。

(2)受电端:轨面电压、扼流变压器Ⅰ次电压、Ⅱ次电压;限流电阻电压;变压器(130/25)Ⅰ次电压、Ⅱ次电压;隔离盒(WGL-U)Ⅰ次电压、Ⅱ次电压。

(3)交流二元继电器:轨道电压不小于15 V。

2. 参数标准

(1)送电端

①隔离盒Ⅰ次电压50~220 V。

②隔离盒Ⅱ次电压1.3~13 V。

③变压器(130/25)Ⅰ次电压50~220 V。

④变压器(130/25)Ⅱ次电压0.44~18.48 V。

⑤限流电阻电压2~6 V。

⑥扼流变压器Ⅰ次电压0.5~1.2 V。

⑦扼流变压器Ⅱ次电压1.5~3.5 V。

⑧轨面电压0.5~1.2 V。

(2)受电端

①轨面电压0.5~1.1 V。

②扼流变压器Ⅰ次电压0.5~1.1 V。

③扼流变压器Ⅱ次电压1.5~3.3 V。

④限流电阻电压0.1~3 V。

⑤变压器(130/25)Ⅰ次电压0.5~1.2 V。

⑥变压器(130/25)Ⅱ次电压1.5~3.6 V。

⑦隔离盒Ⅱ次电压1.5~3.8 V。

⑧隔离盒Ⅰ次电压0.5~1.2 V。

(3)交流二元继电器

轨道电压不小于15 V。

3. 测试方法

(1)送电端

①隔离盒Ⅰ次电压:用万用表交流250 V挡,将两表笔分别与使用端子接触,读数。

②隔离盒Ⅱ次电压:用万用表交流25 V挡,将两表笔分别与使用端子接触,读数。

③变压器(130/25)Ⅰ次电压:用万用表交流250 V挡,将两表笔分别与使用端子接触,读数。

④变压器(130/25)Ⅱ次电压:用万用表交流 250 V 挡,将两表笔分别与使用端子接触,读数。

⑤限流电阻电压:用万用表交流 10 V 挡,将两表笔分别与使用端子接触,读数。

⑥扼流变压器Ⅰ次电压:用万用表交流 2.5 V 挡,将两表笔分别与使用端子接触,读数。

⑦扼流变压器Ⅱ次电压:用万用表交流 10 V 挡,将两表笔分别与使用端子接触,读数。

⑧轨面电压:用万用表交流 2.5 V 挡,将两表笔分别与两钢轨接触,读数。

(2)受电端

①轨面电压:同送端。

②扼流变压器Ⅰ次电压:同送端。

③扼流变压器Ⅱ次电压:同送端。

④限流电阻电压:同送端。

⑤变压器(130/25)Ⅰ次电压:用万用表交流 2.5 V 挡,将两表笔分别与使用端子接触,读数。

⑥变压器(130/25)Ⅱ次电压:用万用表交流 10 V 挡,将两表笔分别与使用端子接触,读数。

⑦隔离盒Ⅱ次电压:用万用表交流 10 V 挡,将两表笔分别与使用端子接触,读数。

⑧隔离盒Ⅰ次电压:用万用表交流 2.5 V 挡,将两表笔分别与使用端子接触,读数。

(3)交流二元继电器轨道电压

用万用表交流 25 V 挡,将两表笔分别与交流二元继电器轨道线圈配线端子(在组合配线侧)接触,读数。

二、25 Hz 相敏轨道电路的调整

1. 调整方法

多年来现场运用情况表明:25 Hz 相敏轨道电路较易做到一次调整,只有少数区段经历一次雨季,要将轨道继电器端电压调整到不低于其最低值,并确认励磁吸起,待晴天后再检查能否确保分路检查,即轨道继电器残压应小于 7.4 V 和前接点分离,如分路良好,即能实现一次调整。

2. 调整注意事项

应重点考虑轨道继电器的轨道电压,限制电阻的阻值,一送多受的平衡。

(1)送电端限流电阻的数值以及受电端中继变压器的变比,应按原理图的规定加以固定,不应作为轨道电路的调整手段进行调整。若调小限流电阻,将恶化轨道电路的分路特性,若改变中继变压器的变比,会使受电端连接器材的阻抗和轨道电路的阻抗匹配条件遇到破坏。在调整前,应首先检查送电端限流电阻和受电端中继变压器的变比是否符合原理图的规定。然后再调整供电变压器的二次电压,使之满足轨道电路的工作要求。

(2)25 Hz 相敏轨道电路具有相位选择性,在调整轨道电路前,应检查元件间是否按同名端相连,和轨道的连接是否符合相位交叉的要求,在调整供电变压器时,也应注意不要将同名端接错。

(3)一送多受的轨道电路区段,各分支电压应调整至相同或相近电压值。然后,根据其类型按调整表的相应类型来调整轨道电路的供电电压,此时,各轨道继电器上的端电压应在调整表给定的允许电压范围内。

(4)对于一送多受的轨道电路,随道岔布置的不同,分路最不利地点也不同,故检查分路除应在送电端和所有受电端进行检查外,尚需在岔尖及其他地点检查分路,如带无受电分支,还应在无受电分支的末端检查,必须保证所有受电端都符合分路检查的要求。

(5)应检查机车信号的入口电流是否满足机车信号的要求。在电气化区段钢轨内除信号电流外,还可能会有不平衡牵引电流,这会影响测试的准确性。因此,最好选在“天窗”时间内进行该项测试,以确保测试的准确性。

(6)设有空扼流变压器的轨道电路应对其轨道电路进行补偿,有电码化的区段,还应对机车信号的电码化信息进行补偿。机车信号信息的不同所需要的类型也不同,应根据机车信号信息来选择相应类型的补偿器,在确定了补偿器的基础上在按需要调整轨道电路供电电压。

(7)一送多受时,轨道电路的受电端电阻也应按调整参考表的给定值固定。

(8)一送多受轨道区段带有空扼流的无受电分支,可先进行补偿,确定各受电分支电阻值,然后调整供电电压、轨道电路的相位交叉。

三、维护注意事项

1. 轨道线类

(1)钢轨接续线采用一胀一塞一软一硬双套化,接续线无影响强度的伤痕,焊接牢固。

(2)塞钉式接续线的塞钉打入深度与钢轨平,露出不得超过 4 mm。

(3)塞钉与塞钉孔要全接触,并涂白色瓷漆封闭,圆圈直径 20 mm。

(4)接续线密贴钢轨连接夹板(鱼尾板),在 2、5 位螺栓上用跳线卡把硬线固定,再把软线绑扎在硬线上,达到平、紧、直。

(5)引接线和跳线长度规格适当,不得交叉,连接平直,用带有 ϕ10 mm 以上螺栓和卡子的水泥小方枕固定,不得埋在道砟中,并进行过轨防护。

(6)除硬接续线外,任何塞钉式接续线塞钉焊线部位均须垂直向下钉固。

(7)穿越轨底的裸线距轨底距离不小于 30 mm,并用胶管防护,胶管露出钢轨两侧不小于 300 mm,用 ϕ1.6 mm 铁线绑扎。

(8)胀塞式接续线、引接线螺母齐全紧固,塞钉与塞钉孔要全面接触。

(9)特殊线单独定做,不得中间接续。

(10)引接线和跳线处不得有防爬器和轨距杆等物,不得与可能造成短路的金属件接触。

(11)钢绞线应油润无锈蚀。

2. 绝　缘

(1)采用高强度轨道绝缘,绝缘垫片和铁垫片大小一致。

(2)槽型绝缘使用两段式绝缘。

(3)绝缘套管、垫片齐全、无破损;各部螺栓紧固,丝扣油润。

(4)钢轨无肥边。

(5)轨端绝缘不得高于钢轨面,采用 8 mm 厚的轨端绝缘。

(6)钢轨绝缘处的轨缝应保持在 6 ~ 10 mm,端面不挤死,绝缘接头处工务扣件不碰夹板,枕木螺栓不碰绝缘夹板螺栓。

3. 箱盒安装及内部设备

(1)扼流变压器箱、轨道变压器箱基础完好,培土夯实。

(2)扼流变压器箱基础顶面与轨底平齐。

(3)轨道变压器箱与相应的扼流变压器箱一字排列,轨道变压器箱与扼流变压器箱的顶面平齐。

(4)扼流中心连接板用胶管防护,防止与引接线混线。

(5)扼流变压器箱与轨道变压器箱采用长保护管,避免电缆外露。

(6)适配器在同一区段送、受端原则上使用相同的端子。

(7)检查中心连接板、扼流引接线与扼流变压器箱绝缘良好。

(8)汇流板、回流线、等位线有防混线措施,各部安装牢固,防护措施良好。

(9)箱盒油饰良好,编号用白瓷漆小号字,编号清楚。

(10)各种箱盒距上下行正线线路中心不小于2.5 m。

(11)防尘密封胶圈美观,防尘作用良好。

4. 电气连接

(1)使用六柱端子的箱、盒内各部端子螺帽齐全、紧固、无锈蚀,防松帽、端子号齐全。

(2)万可端子插接良好,禁止一孔多线,特殊情况需一孔多线时,焊接后插入。

(3)箱、盒内部配线平直,绑扎良好。

(4)实行相位交叉后对钢轨绝缘破损有可靠的防护,所以必须对相位交叉进行严格的测试,测量极性交叉正确。

(5)一送多受区段分路不良的分支轨道继电器电压必须低于其他分支轨道继电器电压。

(6)一送多受区段受端电阻先调整至0 Ω,不平衡区段电压高的分支电阻调大;分路不良区段可提高受端电阻值,以提高轨道电路分路灵敏度。

(7)站内补偿电容的使用数量、容量符合设计要求,在线测量容量在规定值以内(标称值±10%)。

5. 现场使用中的一些问题

(1)在现场施工和使用过程中,因室外轨面电压较低(一般为1 V左右),轨道电路闪红光带的现象,很多是由于室外各部电气螺丝不够紧固而造成的,为此采用在室外各部电气螺丝上加装弹簧垫圈的做法大大降低了此类故障的发生。因此在现场施工和维修的过程中,应对室外各部电气螺丝(尤其是钢轨方面低压部分)进行加强紧固,应加装弹簧垫片,防止此类故障的发生。

(2)现场使用中,如果轨道电路导接线接触不良就会导致设备故障,相对于移频轨道电路来说25 Hz相敏轨道电路对钢轨导接线要求更高,必须保证其接触良好。在更换导接线时,应在"天窗"或无车的情况下进行,否则有可能造成轨道电路红光带影响行车。因此,在日常维护中必须加强对导接线的检查维护。

第三节　安全防护

在更换扼流变压器或配合工务部门更换钢轨引接线等维护工作时,除了按规定穿戴好防护用品及做好监督列车运行情况工作外,特别要注意所做的工作必须保证不能形成强大的不平衡电压，亦即不能形成牵引电流只流过扼流变压器半圈的情况发生，否则在烧毁设备的同时，会带来人身的伤害。下面举例说明在各种维护情况下的防护方法。

一、更换单台扼流变压器的防护方法

更换单台扼流变压器时，需要做好一横一纵连接，并且应先连接横线再连接纵线，防止牵引电流只流过高压线圈的半圈而产生高电压。连接方法如图 2－1所示。

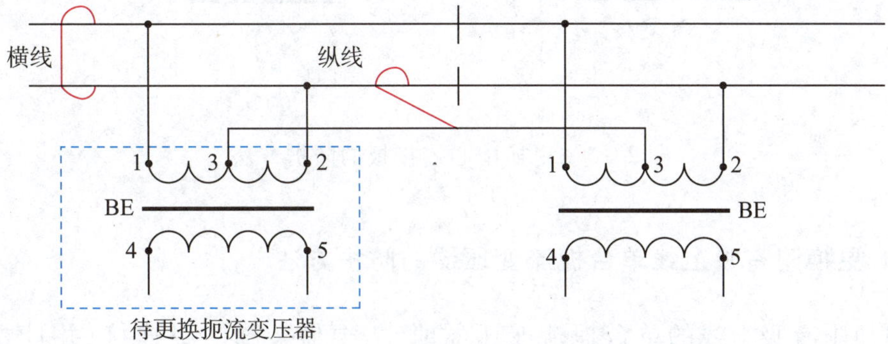

图 2－1　更换单台扼流变压器的防护方法

二、同时更换两台扼流变压器的防护方法

同时更换两台扼流变压器时，需要做二横一纵连接，并且应先连接横线再连接纵线，防止牵引电流只流过高压线圈的半圈而产生高电压。连接方法如图 2－2 所示。

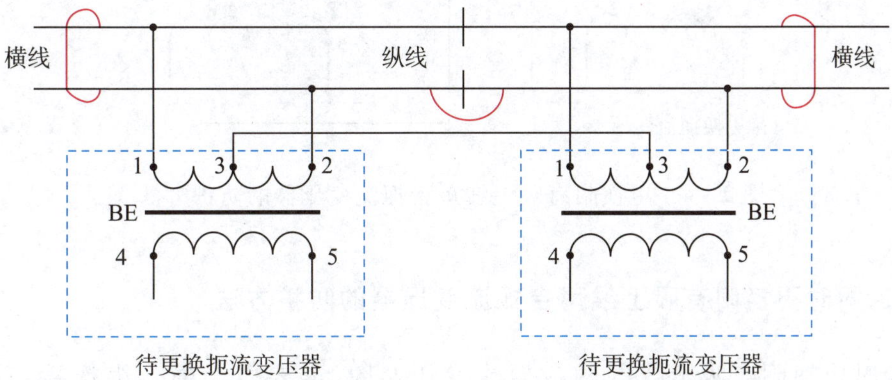

图 2－2　同时更换两台扼流变压器的防护方法

三、更换中心连接板的防护方法

更换中心连接板时，需要做二横一纵连接，并且应先连接横线再连接纵线，防止牵引电流只流过高压圈的半圈而产生高电压。连接方法如图 2－3 所示。

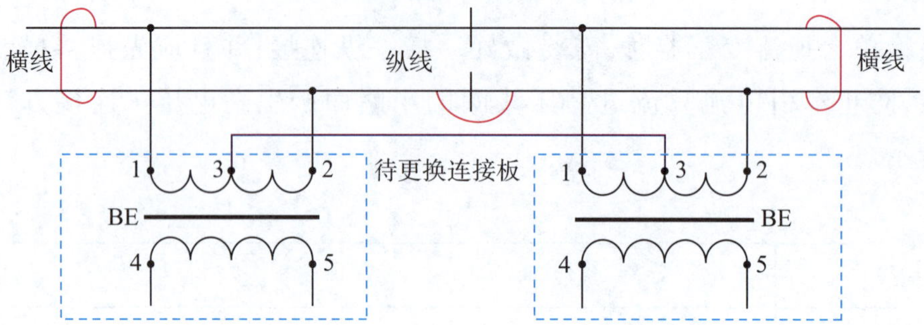

图 2－3　更换中心连接板的防护方法

四、更换附有吸上线单台扼流变压器的防护方法

更换附有吸上线的单台扼流变压器时，需要做一横一纵连接，并且要先连接横线再连接纵线，防止牵引电流只流过高压圈的半圈而产生高电压。连接方法如图 2－4 所示。

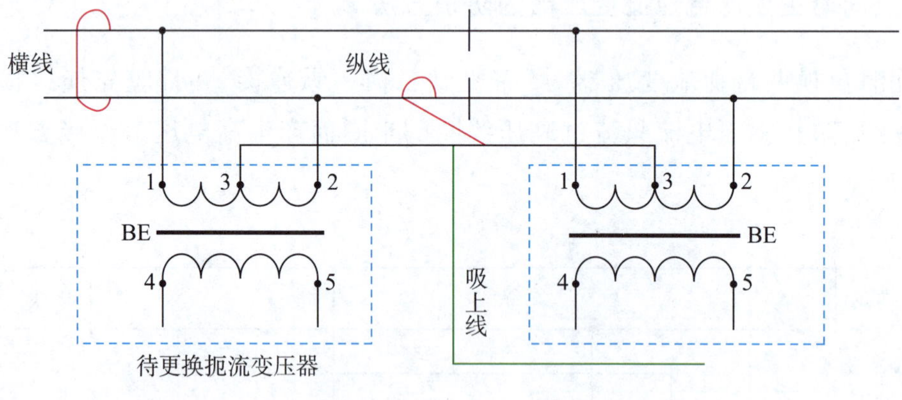

图 2－4　更换附有吸上线单台扼流变压器的防护方法

五、同时更换附有吸上线两台扼流变压器的防护方法

同时更换附有吸上线的两台扼流变压器时，需要做二横二纵连接，并且要先连接横线再连接纵线，防止牵引电流只流过高压圈的半圈而产生高电压。连

接方法如图 2－5 所示。

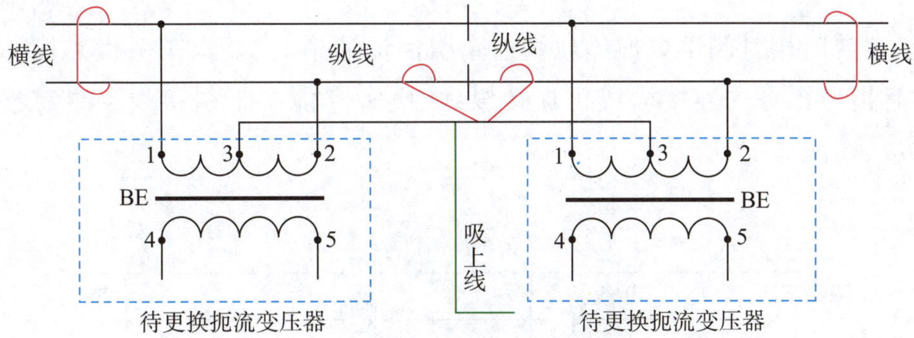

图 2－5　更换附有吸上线双台扼流变压器的防护方法

六、更换附有吸上线中心连接板的防护方法

更换附有吸上线的中心连接板时，需要做二横二纵连接，并且要先连接横线再连接纵线，防止牵引电流只流过高压圈的半圈而产生高电压。连接方法如图 2－6 所示。

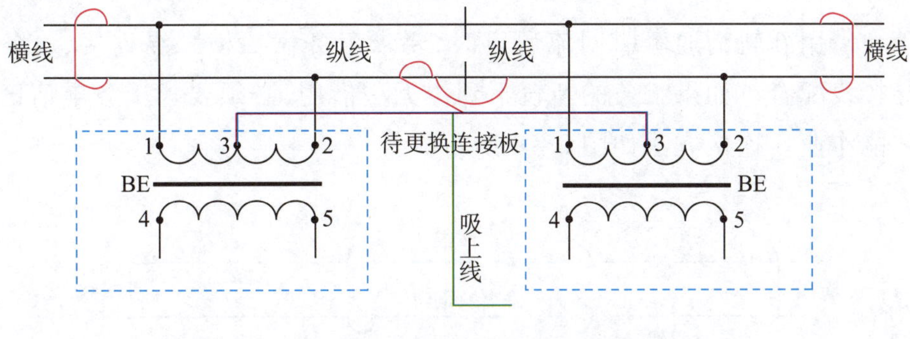

图 2－6　更换附有吸上线中心连接板的防护方法

七、配合工务更换单侧钢轨（两端不靠绝缘）的防护方法

工务借用相对侧不更换钢轨沟通牵引回流通道时，要求工务做二横连接后，才允许打下导接线配合，连接方法如图 2－7 所示。

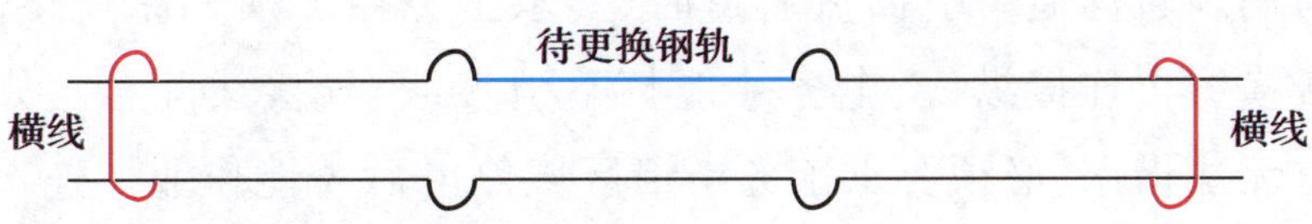

图 2－7　配合工务更换单侧钢轨（两端不靠绝缘）的防护方法

八、配合工务更换单侧钢轨（一端靠绝缘，一端不靠绝缘）的防护方法

工务借用相对侧不更换钢轨沟通牵引回流通道时，要求工务做二横一纵连接，并且指导工务先连接横线再连接纵线，电务才能打下引接线、导接线配合，连接方法如图 2－8 所示。

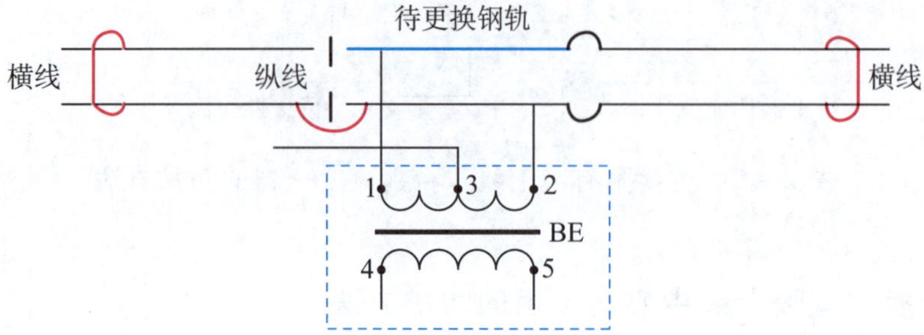

图 2－8　配合工务更换单侧钢轨（一端靠绝缘，一端不靠绝缘）的防护方法

九、配合工务更换双侧钢轨（两端不靠绝缘）的防护方法

工务借用新轨沟通牵引回流通道时，要求工务做二横二纵连接，电务才能打下导接线配合。如果工务的新轨不到位无法借用，必须要求工务申请区域停电后才能作业。连接方法如图 2－9 所示。

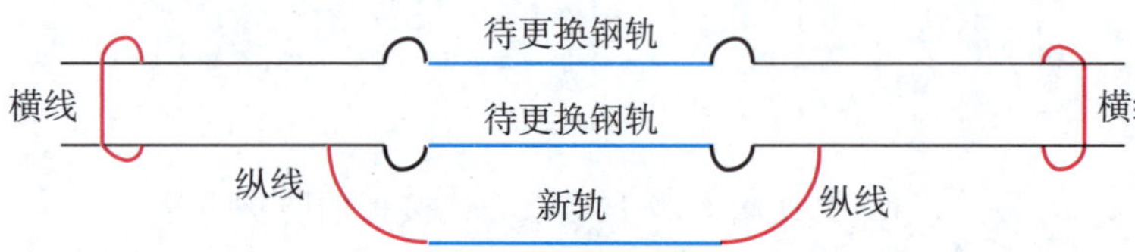

图 2－9　配合工务更换双侧钢轨（两端不靠绝缘）的防护方法

十、配合工务更换双侧钢轨（一端靠绝缘，一端不靠绝缘）的防护方法

工务借用新轨沟通牵引回流通道时，要求工务做二横二纵连接，并且指导工务先连接横线再连接纵线，电务才能打下引接线、导接线配合。如果工务的新轨不到位无法借用，必须要求工务申请区域停电后才能作业。连接方法如图 2－10所示。

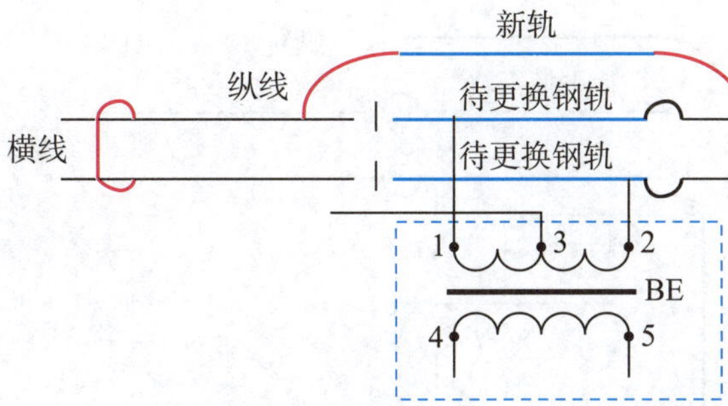

图 2 – 10　配合工务更换双侧钢轨(一端靠绝缘,一端不靠绝缘)的防护方法

十一、配合工务更换单侧钢轨(附有吸上线处)的防护方法

工务借用相对侧不更换钢轨沟通牵引回流通道时,要求工务做二横一纵连接,并且指导工务先连接横线再连接纵线,电务还要再连接一条纵线,防止牵引电流只流过扼流变压器的 2、3 线圈而产生高电压,才能打下引接线、导接线配合。连接方法如图 2 – 11 所示。

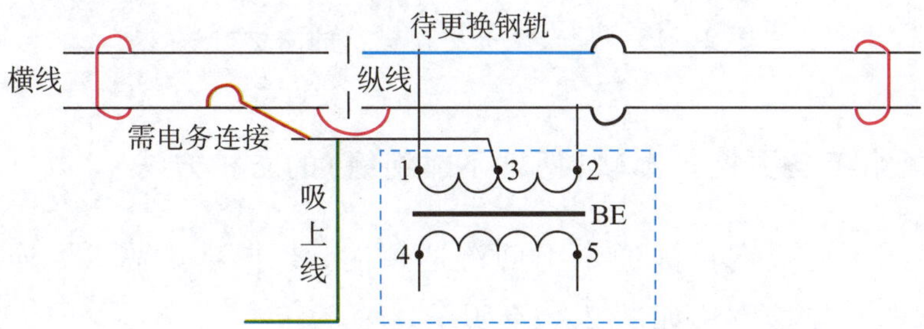

图 2 – 11　配合工务更换单侧钢轨(附有吸上线处)的防护方法

十二、配合工务更换双侧钢轨(附有吸上线处)的防护方法

工务借用新轨沟通牵引回流通道时,要求工务做二横二纵连接,并且指导工务先连接横线再连接纵线,电务还要再连接一条纵线,防止牵引电流只流过扼流变压器的 2、3 线圈而产生高电压,才能打下引接线、导接线配合。如果工务的新轨不到位无法借用,必须要求工务申请区域停电后才能作业,连接方法如图2 – 12所示。

十三、配合工务更换辙岔的防护方法

工务借用不更换钢轨沟通牵引回流通道时,要求工务做三横连接,才能打

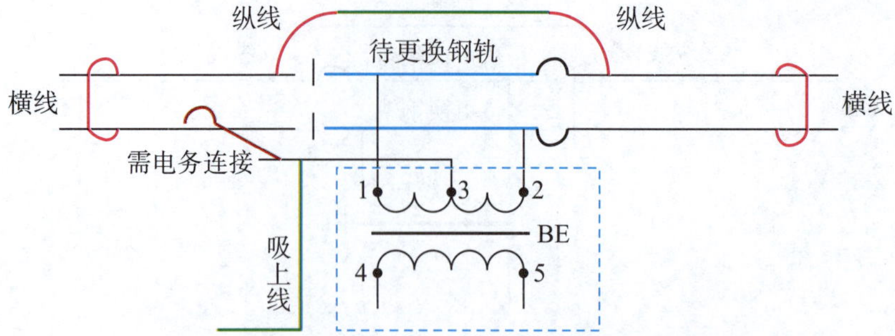

图 2－12　配合工务更换双侧钢轨(附有吸上线处)的防护方法

下导接线配合。连接方法如图 2－13 所示。

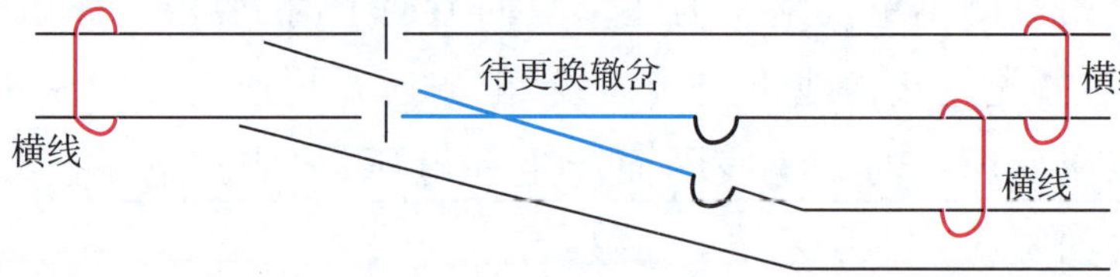

图 2－13　配合工务更换辙岔的防护方法

十四、配合工务更换基本轨(两端不靠绝缘)的防护方法

工务借用不更换钢轨沟通牵引回流通道时,要求工务做二横连接,才能打下导接线配合。连接方法如图 2－14 所示。

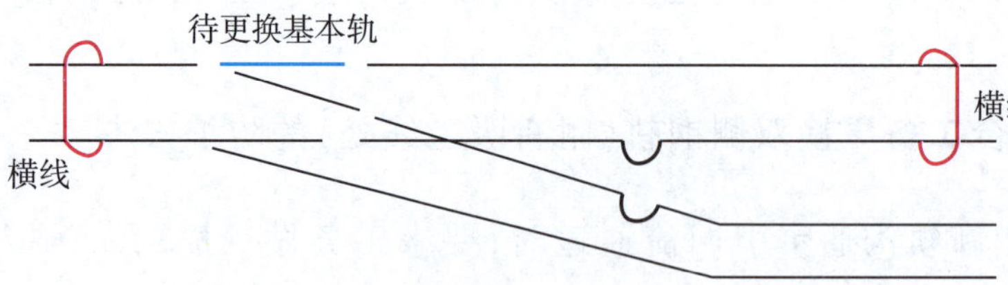

图 2－14　配合工务更换基本轨(两端不靠绝缘)的防护方法

十五、配合工务更换基本轨(一端靠绝缘,一端不靠绝缘)的防护方法

工务借用不更换钢轨沟通牵引回流通道时,要求工务做二横一纵连接,才能打下引接线、导接线配合。连接方法如图 2－15 所示。

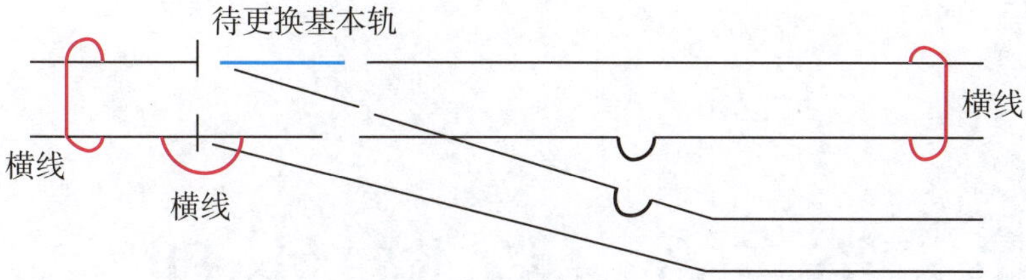

图 2 - 15　配合工务更换基本轨(一端靠绝缘,一端不靠绝缘)的防护方法

十六、配合工务更换尖轨的防护方法

工务借用不更换钢轨沟通牵引回流通道时,要求工务做一横连接,才能打下导接线配合。连接方法如图 2 - 16 所示。

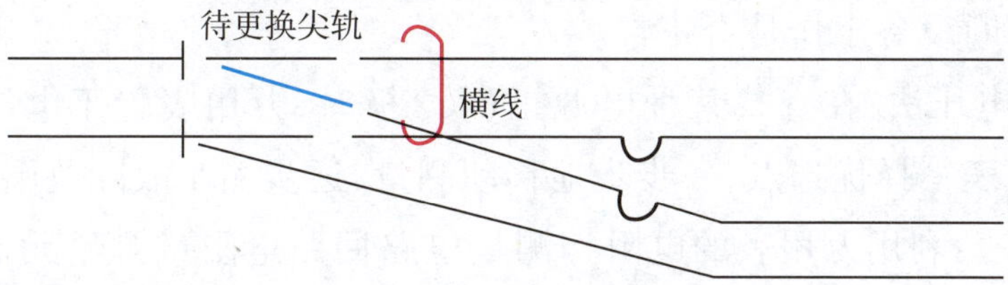

图 2 - 16　配合工务更换尖轨的防护方法

第三章　故障处理

第一节　故障处理的基本方法

1. 分析法：通过控制台的各种图标、表示灯、电流表的情况，根据电路的工作原理，分析判断故障发生的大概部位。

2. 电压法：利用万用表的电压挡，测量各种设备端电压。通过对设备端电压的测量，判断设备工作是否正常。

3. 步进电压法：在查找某种电源正（负）极时，万用表置于电压挡，就近借用端子，另一表笔择优选点，一步步地移动测量，逐步缩小故障范围。

4. 电阻法：利用万用表的电阻挡测量电路回路电阻或测量元器件的阻值，以判断其正常与否。测量电路回路电阻以及在电路中的继电器、变压器线圈电阻，电阻器阻值，二极管正反向电阻值，熔断器阻值时，应切断电源，或断开电源一端，或将元器件取下来测量。同时应清楚被测量物在正常情况下的阻值，以便和测量值比较判断。

5. 断线法：采用断开电路中某个线头，或取下某个继电器、熔断器等元器件测量来缩小故障范围。

6. 代换法：用一个好的元器件替换认为有故障的元器件。这种方法对查找电路中继电器两个线圈同名端接反、电容器低效、电阻器时通时断、二极管性能不良等故障尤其适用。

第二节　故障处理的必备技能

要想成功处理故障，必须经过长期培训学习，并具备如下技能。

一、熟练掌握电路原理

在故障处理的过程中，必须在自己的脑海里形成非常清晰的对电路原理的认识，否则，对故障的分析将无从谈起。具体应该掌握：

1. 电路的构成；

2. 电路的电气特性；

3. 器材的作用。

二、准确把握电路的特殊性

发生故障是矛盾的普遍性，即任何设备在使用过程中必然会发生故障，处理故障则要把握具体故障的特殊性，即必须把握故障的内在特点，对这些特点进行综合分析，找出处理方法。

1. 电路的不同点

例如轨道电路属于闭合回路，其电源是常供到电路内的，针对这个特点，在故障处理中可以采用电压法处理故障。

再如轨道电路具有分路状态，当轨道电路的某些地方短路时，轨道电源不会中断供电，这是和其他电路显著的不同点，因此在处理轨道电路故障时，需要考虑电路存在短路的可能。

2. 电路中电气特性

正常时器材的电气数据是什么，故障时的数据是什么，必须进行仔细对比分析。

三、熟悉配线图、熟悉设备的分布

经常翻阅竣工图，熟悉图册内有哪些图纸，在图册中的什么位置，图中符号的含义，熟悉设备分布在什么位置，才能顺利处理故障。

四、正确的逻辑推理

对于测量得到的数据，必须进行正确的逻辑推理，即这个数据能说明什么问题，不能说明什么问题，不能说明问题时怎么办。逻辑推理错误，必然将故障处理引向歧途，直接导致故障处理失败。

第三节　故障处理的基本程序

轨道电路出现故障，值班人员应迅速携带工具、仪表和图纸赶赴车站进行处理。到达行车室，在《行车设备检查登记簿》内填写到达时间并签名。向有关人员了解故障概况，并立即登记停用设备进行处理。

在查找故障时，可以参照轨道电路故障处理流程（见图3-1）进行。如确认为结合部故障，找到原因也不要自行处理，应立即通知车站，要求管内有关单位赶往现场进行处理，电务积极准备抢修材料和工具进行配合，尽快处理恢复设备使用。如果电气化区段轨道电路出现故障，则应按照电气化区段相应的安全规章制度，在确保人身安全的前提下进行故障处理。

故障排除后，对涉及故障有关的设备，必须试验彻底，并填写好故障设备联锁试验资料。销记时要填写故障修复时间和故障原因，并如实向上级报告。根据“三不放过”的要求及时进行分析，吸取经验教训，制定防范措施。流程如图3-1所示。

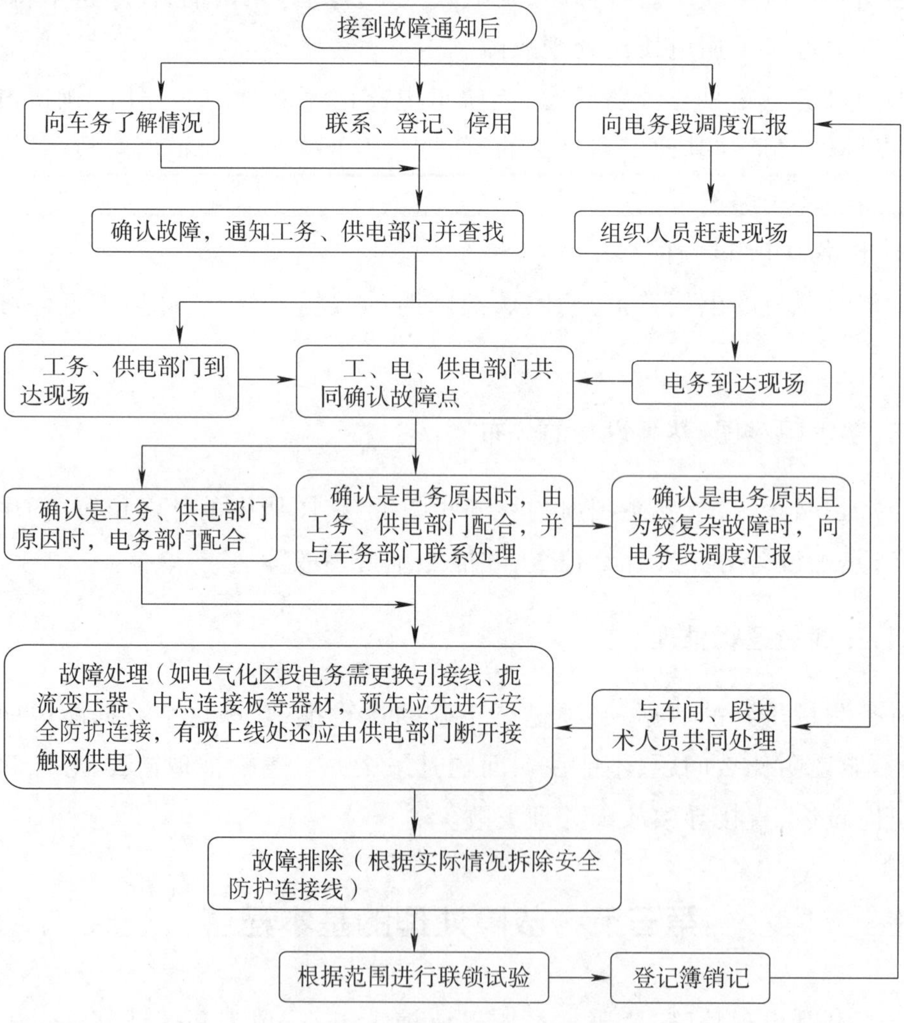

图3-1　故障处理基本程序

第四节　故障的判断与分析

一、故障现象

1. 一段轨道电路故障；

2. 相邻的两段轨道电路同时故障；

3. 有关联的多段轨道电路故障。

二、故障的判断与分析

1. 一段轨道电路故障的判断与分析

站内一段轨道电路故障(指不与 ZPW－2000A 无绝缘轨道电路相邻的轨道区段)，根据电路的特点，可以认定为本区段内部断路或短路，可以判定送电电源至送电端变压器箱间电缆芯线不可能短路，与分割绝缘破损、继电器的局部电源无关。处理这类故障，要遵循如下步骤：

(1)区分故障区段是否是占用发码区段

如果是占用发码区段，那么当轨道电路故障后 GJ 就会落下，从而就会将电码信号传向钢轨，会给测量判断带来影响，造成分析判断的混乱，可能导致误判，特别是在慌乱中更会产生这样的问题。因此如果故障区段是占用发码区段，应该首先将本区段对应的 FS、＋1FS 电源断开(在组合零层设有断路器)或直接将 FS、＋1FS 与插座分离。

(2)区分故障处所和性质

由于轨道电路中的器材分布在机械室和站场内，为了快速处理故障，必须区分故障的处所，在故障处理过程中避免走冤枉路而延长故障处理时间。在区分故障处所的同时，还要区分故障的性质，便于选用适当的方法进行故障处理。按照故障的处所和性质，可以将故障归纳为四种类型，分别是室内断路、室内短路、室外断路、室外短路。判断步骤如下：

A. 选点测量

选点测量因个人习惯而不同，这里推荐在室外分线盘端子上测量。

B. 依据测量结果推断故障处所和性质

利用测量结果进行正确推理，从而区分出故障的处所和性质。

C. 采用相应方法进一步压缩故障范围

针对区分出的故障处所和性质，采取相应方法做进一步测量判断，从而进一步压缩故障范围，直至找到故障点。

Ⅰ. 故障区段是无码区段

a. 室外分线盘本区段送电端子 C1、C2 上测量有无 220 V 交流电

· 没有 220 V 交流电，说明 C1、C2 至分线盘供电断路器间断线。

· 有 220 V 交流电，说明电源已经供出，迅速到受电端子 S1、S2 上测量。

b. 室外分线盘本区段受电端子 S1、S2 上测量有无正常值电压（正常值一般为 20～22 V）

· 有正常值或大于正常值电压，说明室外电压已经送回，故障发生在分线盘端子→继电器间，属于断路故障。

· 没有正常值或远远低于正常值电压，要进行"甩"线测量，判断属于室内短路、室外短路、室外断路三种情况的哪一种。

c. 断开 S1、S2 端子上的室内配线，测量两条电缆芯线上有无正常值电压（正常值一般为 20～22 V）

· 有正常值或大于正常值电压，说明故障发生在分线盘端子→继电器间，属于短路故障。

· 没有正常值或远远低于正常值电压，说明故障的处所在室外，属于短路还是断路，需要进一步选点测量。同样选哪点因人而异，因快速处理故障的需要，一般应该采取"就近"原则，也就是轨道电路的送端、受端、中间点，哪点离机械室近，就到哪点测量。下面以送端就近为例，进一步分析判断故障。

d. 测量送端轨面有无正常值电压（正常值一般为 1～3 V）

· 有正常值电压，说明故障发生在送端→受端→分线盘间，属于断路故障。沿着送端→受端→分线盘路线，每隔一段选点测量一次，前点有电压而本点无电压，说明故障就发生在这两点之间。故障原因大致包括钢轨断轨、导接线断线或与钢轨接触不良、引接线断线或与钢轨接触不良、器材内部断线或配线端子松动、受端至室内的电缆芯线断线或电缆盒内配线端子松动等。（特别指出：一定要读懂电缆配线图，找准电缆径路，掌握正常时各点的电压值以及与故障状态下测量得到值的比较）

· 没有正常值或远远低于正常值电压，需要进一步判断故障的处所和性质。

e. 在限制电阻上测量电压，观察比较电压的变化情况

·电压增加，说明故障发生在送端→受端→分线盘间，属于短路故障。查找短路故障较困难，此时电压法不再适用。①对于钢轨部分必须改用轨道电路诊查仪，由送端到受端每隔一段测量钢轨中的电流，电流消失可判定短路点在消失点的前端，故障原因大致包括轨距杆绝缘破损、道岔安装绝缘破损、岔后极性绝缘破损、箱盒引接线绝缘破损、变压器等器材内部短路、其他外界金属物造成的短路等；②对于电缆芯线部分，需要逐段“甩”线测量判断，即在电缆盒内将相应接线端子上的电缆断开，测量“来向”芯线上的电压，有电压说明故障在“去向”方向，无电压说明故障在“来向”方向。

·没有电压，需要再进一步判断分线盘送电端子至送电端间的故障性质。

f. 测量送电端轨道变压器的一次侧有无正常值电压（正常值为 220 V 交流）

·有正常值电压，说明故障发生在送端轨道变压器→送端钢轨间，属于断路故障。

·没有正常值电压，仍然需要“甩”线测量判断。

g. 断开变压器箱送电端子上的配线，测量电缆芯线上有无正常值电压（正常值为 22 V）

·有正常值电压，说明故障发生在送端轨道变压器→送端钢轨间，属于短路故障，包括轨道变压器内部短路。

·没有正常值电压，说明故障发生在分线盘→送端变压器箱间，属于断路故障。沿着电缆径路，依照电缆配线图，逐点测量，找到断线点。

上述判断过程如图 3－2 所示。

Ⅱ. 故障区段是发码区段

不管是二线制发码方式还是四线制发码方式，其处理故障的基本思路和无码区段是一样的，但是发码区段增加了控制信号流向和幅值的器材，决定了电路内部的电气特性有很大的区别，因此在处理发码区段故障时，除了先关闭 FS 之外，还要准确掌握电路各点的电气特性，只有这样才能顺利处理故障。两种发码方式下各点的电压见表 3－1，便于处理故障时做比对。故障处理的步骤参照无码区段的故障处理。

（3）采取适当方法恢复故障

A. 断线故障要更换配线或换接备用电缆芯线恢复。

B. 短路故障要将原来的配线拆除，重新配接配线或换接电缆芯线恢复。

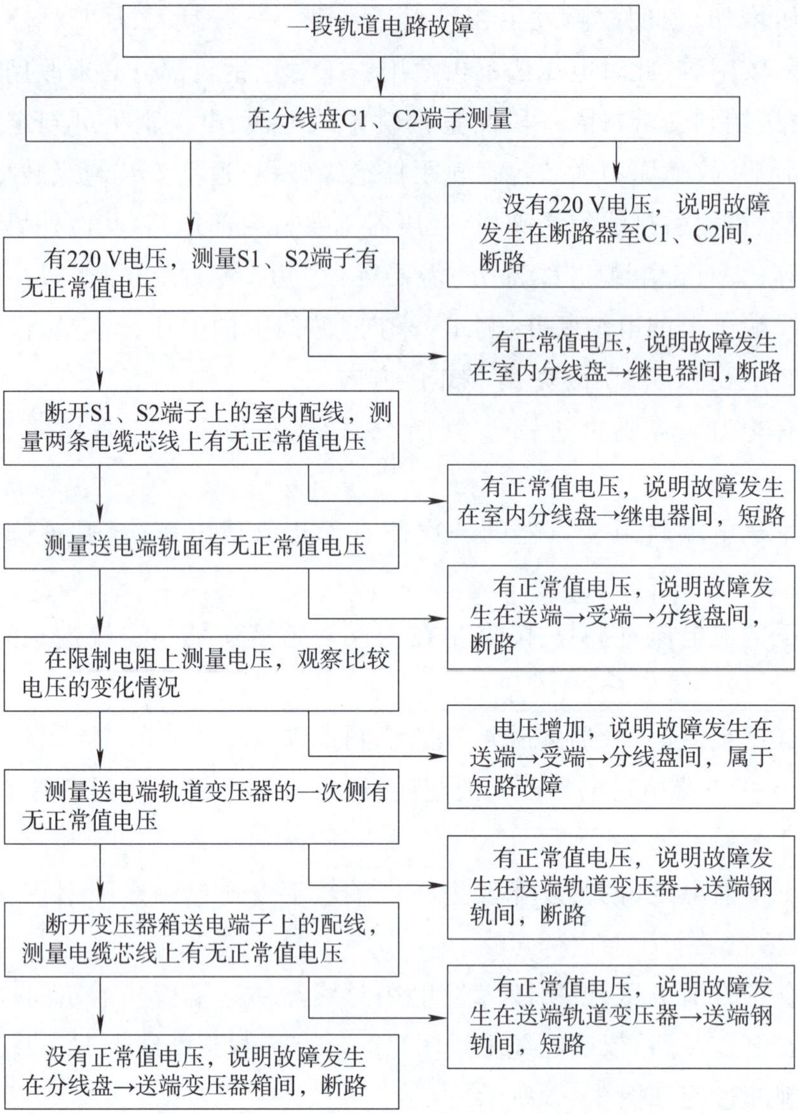

图 3－2　一段轨道电路故障判断逻辑推理

C. 器材故障要更换备用器材恢复。

2. 相邻两段轨道电路同时故障

25 Hz 相敏轨道电路由于相邻区段的扼流变压器之间增设了中心连接线，致使这种轨道电路失去了分割绝缘双破损防护功能，当分割绝缘其中的一组破损就会导致相邻两个区段的轨面电压下降到原来的二分之一左右，从而导致两个区段同时故障。依照这个特点，当站内相邻的两个区段同时故障，可以判定分割绝缘其中一组破损（这两个区段内部同时发生问题是极其特殊的情况，可能性极小，不予考虑）。对于这种故障，需要确定两组绝缘中的哪一组破损，便于工务部门分解。确定的具体方法是断开中心连接板,封连其中一组绝缘,如果轨道电路故障,则说明未封连的一组绝缘破损;如果轨道电路不故障,则说明封连的这组绝缘破损。

表 3-1　发码区段各点参考电压(V)

<table>
<tr><td rowspan="12">二线制叠加</td><td rowspan="6">送端叠加</td><td colspan="2">BMT</td><td colspan="2">NGL</td><td colspan="4">WGL</td><td rowspan="2">限制电阻</td></tr>
<tr><td>一次</td><td>二次</td><td>U_{25}</td><td>U_Z</td><td>I1 - I2</td><td>I3 - I4</td><td>I5 - I6</td><td>I7 - I8</td></tr>
<tr><td>217</td><td>81.4</td><td>81.4</td><td>81.2</td><td>76</td><td>74</td><td>2.6</td><td>1.95</td><td>3.2</td></tr>
<tr><td colspan="2">送端扼流</td><td rowspan="2">送端轨面</td><td rowspan="2">受端轨面</td><td colspan="2">受端扼流</td><td colspan="2">受端轨变</td><td rowspan="2">GJ轨道</td></tr>
<tr><td>信号圈</td><td>高压圈</td><td>高压圈</td><td>信号圈</td><td>二次</td><td>一次</td></tr>
<tr><td>1.9</td><td>0.62</td><td>0.62</td><td>0.58</td><td>0.58</td><td>1.7</td><td>1.7</td><td>22</td><td>20</td></tr>
<tr><td rowspan="6">受端叠加</td><td colspan="2">BMT</td><td colspan="2">送端轨变</td><td rowspan="2">限制电阻</td><td colspan="2">送端扼流</td><td rowspan="2">送端轨面</td><td rowspan="2">受端轨面</td></tr>
<tr><td>一次</td><td>二次</td><td>一次</td><td>二次</td><td>信号圈</td><td>高压圈</td></tr>
<tr><td>217</td><td>74</td><td>68</td><td>4.9</td><td>2.9</td><td>1.8</td><td>0.6</td><td>0.6</td><td>0.55</td></tr>
<tr><td colspan="2">受端扼流</td><td colspan="4">WGL</td><td colspan="2">NGL</td><td rowspan="2">GJ轨道</td></tr>
<tr><td>高压圈</td><td>信号圈</td><td>I7 - I8</td><td>I5 - I6</td><td>I3 - I4</td><td>I1 - I2</td><td>U_Z</td><td>U_{25}</td></tr>
<tr><td>0.55</td><td>1.65</td><td>1.65</td><td>1.6</td><td>22.5</td><td>22</td><td>21.2</td><td>21</td><td>19</td></tr>
<tr><td colspan="2" rowspan="6">四线制叠加</td><td rowspan="2">送端HLC</td><td rowspan="2">受端HLC</td><td colspan="2">送端轨变</td><td rowspan="2">限制电阻</td><td colspan="2">送端扼流</td><td rowspan="2">送端轨面</td><td rowspan="2">受端轨面</td></tr>
<tr><td>一次</td><td>二次</td><td>信号圈</td><td>高压圈</td></tr>
<tr><td>7.8</td><td>7.5</td><td>215</td><td>4.3</td><td>1.85</td><td>2.5</td><td>0.75</td><td>0.75</td><td>0.7</td></tr>
<tr><td colspan="2">受端扼流</td><td colspan="2">受端轨变</td><td rowspan="2">GJ轨道</td><td></td><td></td><td></td><td></td></tr>
<tr><td>高压圈</td><td>信号圈</td><td>二次</td><td>一次</td><td></td><td></td><td></td><td></td></tr>
<tr><td>0.7</td><td>2.25</td><td>2.15</td><td>26</td><td>24</td><td></td><td></td><td></td><td></td></tr>
</table>

3. 相关的多段轨道电路故障

(1)轨道继电器处在同组合中的三段轨道电路同时故障

由于轨道继电器的局部电源是通过配线跳接并联在一起的,所以当同组合中的三个轨道继电器同时落下,可以判断为局部电源断线,更换配线恢复故障。这种故障非常少见。

(2)使用同一供电线束的轨道电路同时故障

如图 3-3 所示是线束供电的示意图,当本束关联的所有轨道电路故障,说明分线盘至一级分线盒 F1 间电缆断线;当本束中的部分区段故障,说明分线盒间或分线盒至变压器箱间的电缆断线。

(3)电源屏一束供电关联的轨道电路同时故障

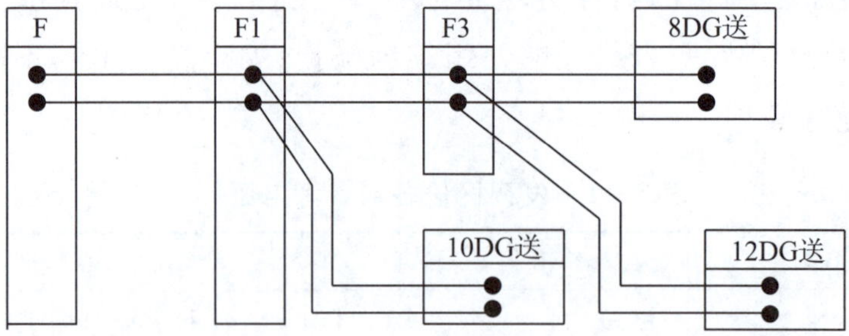

图 3－3　线束供电示意图

电源屏一束供电的轨道电路同时故障，说明电源屏断路器已经跳开，造成断路器跳开的原因有：外电网电压突然升高，或者供电线束短路，造成电流突然变大，导致断路器跳开。合上断路器，如果断路器可以保持在闭合状态，说明是电网电压突然升高或供电线束瞬间短路（维修时不慎将配线端子短路的可能性最大）造成，通过调阅监测数据就可以判明。合上断路器，如果断路器继续跳开，说明供电线束内短路，对于这类故障，只能通过逐级“甩”线判断。造成故障的可能原因有室内配线破皮而混接，室外电缆被破坏而混线，组合架、电缆盒、变压器箱配线端子间被金属物短路等。

（4）同一条电缆关联的轨道区段故障

同一条电缆关联的多个轨道区段故障，说明电缆遭到破坏，可能是断线也可能是混线，造成电缆断线、混线的原因有：外界施工造成电缆断，火灾烧毁电缆等。故障发生后应立即启动应急预案，迅速开展抢修，最大限度压缩故障延时。

第五节　特殊故障的处理

本章第四节叙述的故障处理方法只适用于故障处于稳态时，但实际应用中的设备故障往往是瞬态的，发生的时间较短，有时是瞬间的，导致故障排除人员抓不住故障现象、测量不到故障状态下的数据，给故障的排除带来极大的困难，有的故障甚至要守候很长时间，造成故障处理人员疲惫不堪，这是电务维护人员的共同感受，那么如何处理这些特殊故障呢？下面分别叙述。

一、瞬态故障的处理

对于瞬间发生的故障，力求抓住故障现象，特别是故障时的电气数据，尤其是室外分线盘的数据，可以通过抓住的极其难得的数据进行分析推理，压缩故障范围，便于查找。如果连一点数据都抓不到，只能逐个电气接线点排除，包括配线是否断线、接线端子是否松动、电源电缆是否接地等，同时还要观察器材状态、听器材在应用中的响声、摸器材的发热程度等。

在故障处理中要耐心细致，做到不放过任何蛛丝马迹，应用原理推敲分析。

二、电压、相角同时变化故障的处理

电路原理告诉我们，同时影响电压、相位角的器材有适配器和防护盒。因而造成电压、相位角同时变化的故障点只有适配器、防护盒。

依照先室内后室外的原则，可以按以下步骤处理。

1. 检查防护盒与插座接触是否良好；
2. 更换防护盒；
3. 检查适配器接线是否牢固（包括熔断器）；
4. 更换扼流器（因适配器固定在扼流器上）。

三、与 ZPW－2000A 无绝缘轨道电路相邻轨道电路故障的处理

对于车站的进站、离去口与闭塞分区（ZPW－2000A 无绝缘轨道电路）相邻的轨道电路，由于各自区段内传输的电信号的频率不同，所以车站与区间间的分割绝缘单破损不会像站内相邻的轨道电路一样，会造成两个区段同时故障，只会造成站内 25 Hz 轨道电路的故障。所以当处在与车站进站、离去口的轨道电路故障时，首先要在分线盘受电端子上或钢轨上用移频表测量本故障区段内是否窜入移频信号，如果有移频信号窜入，则说明轨道电路之间的分割绝缘破损；如果没有移频信号窜入，则按照一段轨道电路故障的处理方法处理故障。

第六节　故障案例

一、萨拉齐站 103DG 红光带故障

1. 故障概况

2009 年 5 月 10 日 3:16，萨拉齐车站 103DG 轨道区段红光带故障，7:10 恢复正常。

2. 处理过程

5 月 10 日 3:17，萨拉齐信号副工长、信号工接到车站 103DG 轨道区段故障的

通知后，立即准备工具、材料赶往现场，另一名信号工负责室内防护。4:00 到达 103DG 轨道区段，用 MF－14 万用表进行测试，测试轨面电压为 0.6 V，设备正常时轨面电压为 0.66 V，通过与原始数据进行对比，判断受端至室内设备故障，但故障地点无法找到。

萨拉齐车间副主任接到设备故障通知后，3:45 从察素齐站出发，4:35 到达萨拉齐站现场，同样用 MF－14 万用表进行测试分析后，判断为受端室外隔离盒或轨道变压器故障，更换受端轨道变压器、室外隔离变压器后故障仍未恢复。6:50 电务段段安调科安全员、技术科工程师、试验室工程师到达现场，用 25 Hz 轨道电路专用测试仪重新测试轨面电压为 0.15 V，但设备正常时轨面电压为 0.66 V，处理人员立即到 103DG 轨道送端进行查找、测试，当在查找中逐步判断轨道送端绝缘有故障隐患，处理人员立即甩开 103DG 送端与区间轨道电路的中心连接板后，设备恢复正常。通过检查测试，判断为上一离去轨（S1LQG）与 103DG 绝缘处南股绝缘不良，当拆掉中心连接板后，设备正常，7:10登记开通使用。随后电务处副处长、电务段副段长等陆续到达现场。在 9:00至 9:20 要点协同萨拉齐工务部门对 S1LQG 与 103DG 南股分界绝缘进行分解检查，发现绝缘套管不良，处理人员更换轨道绝缘后，设备全部恢复正常。

3. 故障原因

萨拉齐站上一离去轨 S1LQG 与 103DG 分界绝缘处南股绝缘套管坏一处，另一处钢轨接头螺丝铁垫片与轨道夹板凸出边缘相连，造成 S1LQG 与 103DG 分界绝缘处南股绝缘失效，致使轨道故障。

4. 存在问题

（1）整个故障处理过程使用测试仪表不正确。在故障发生后，车间、工区处理人员用 MF－14 万用表测试设备电气数据，由于故障点在区间 ZPW－2000A 移频轨道电路与站内 25 Hz 轨道电路的分界点，MF－14 万用表只是测试 50 Hz 工频电的仪表，当测试 2 600 Hz 的高频与 25 Hz 的轨面电压信号时，测试数据不正确，造成故障误判，延长处理时间。

（2）设备巡视不认真，绝缘检查不细致。S1LQG 与 103DG 分界绝缘处轨缝达到 30 mm，在日常巡视中工区不用仪表测试绝缘情况，设备巡视工作不注意细节观察，不能及时发现钢轨接头螺丝铁垫片与轨道夹板凸出边缘相连的问题。

5. 采取措施

（1）加强对轨道绝缘的测试、检查。对管内轨道电路的绝缘全面进行测试、检查。发现绝缘内部不良的问题积极配合工务部门检查。对绝缘处轨缝较大的情况,积极联系工务部门处理。

(2)发生设备故障后,全部用25 Hz及区间专用仪表测试判断设备故障,禁止用50 Hz的万用表查找25 Hz相敏轨道电路及区间ZPW－2000A移频设备故障。

二、孤山站ⅠG轨道区段红光带故障

1. 故障概况

2009年12月20日23:28,孤山站ⅠG出现红光带,23:30车站值班员通知信号工区值班人员。23:42车间值班干部接到设备故障通知,于23:57从丰镇出发,21日0:50到达孤山站。1:02设备故障自动恢复,4:04故障再次发生,7:20恢复。

2. 处理过程

21日0:50,车间值班干部到达孤山后,先从机械室分线盘测试ⅠG受端电压为11V,甩开室内设备测试电缆侧电压为22V,比正常电压50V偏低,对室内送、受端隔离盒进行测试,电压均偏低(正常室内送端隔离盒电压为85 V,现测65 V,正常受端隔离盒电压为24 V,现测11 V),与3G隔离盒对调更换,同时更换了ⅠG交流二元继电器,故障不能恢复,测试ⅠG交流二元继电器3、4线圈电压偏低,于是判断为室外故障。从运转室出发到ⅠG轨面测试电压为0.6 V(正常为1 V),于是向ⅠG受端方向查找,边走边测试轨面电压,发现室内电压没有变化,轨面电压均匀下降,到受端轨面电压0.2 V,测试扼流变压器一次侧电压0.2 V,二次侧电压0.55 V,BG_1－140/25变压器一次电压11.8 V,二次电压0.55 V,对受端设备进行全面检查,发现无异状。在对接续线、扼流线检查钉固过程中,未发现各类线有虚接现象,但这时室内电压升高到15 V,然后逐渐升高,直至达到23 V,轨道红光带消失,可是设备故障原因未真正找到,信号人员继续查找。在查找过程中,发现电压又有逐步下降趋势,3:20,电务段总工程师、车间主任到达现场,继续查找设备故障原因。到4:05,设备再次故障,又登记停用ⅠG轨道电路设备,此时检查受端设备无异状。于是向送端进行查找,到达送端测试轨面电压0.75 V,正常时记录为1.5 V,此时怀疑轨道电路补偿电容有不良短路处,一组人员从送端开始逐个检查、测试轨道补偿电容。另一组人员从钢轨上打下扼流线测试扼流线端子电压为1 V,适配器4、5端子电压2.6 V,再测试BG_1－140/25二次电压5.4 V,隔离盒Ⅱ3/Ⅱ4间电压5.4 V,Ⅱ1、Ⅱ2

端子间电压 2.6 V。经检查轨道电路补偿电容全部良好。此时分析为 BG_1 - 140/25 变压器到钢轨间有故障，观察一段时间后无变化，再检查测试空开、扼流变压器，检查扼流变压器箱内各部全部正常。在检查过程中发现室内电压又升高到 18 V，由于更换了送端的室外隔离变压器，初步判断为扼流变压器特性不良，此时观察轨道继电器电压保持在 18 V，轨道红光带消失，于 7:20 登记设备开通使用。

因初步判断扼流变压器不良，设备开通后及时于施工单位联系，从丰镇拉来一台扼流变压器，于 12:50 至 13:00 要点更换扼流变压器，更换后电压由 18 V 升到 25.5 V，对受端电压进行比较分析后，可以确定为扼流变压器不良，存在安全隐患。

3. 故障原因

经分析设备故障原因为：Ⅰ G 轨道区段送端扼流变压器器材故障，造成轨道电压下降。12 月 22 日经厂家技术人员对此变压器进行模拟检查，认为造成变压器故障的原因：该批此扼流变压器牵引线圈铜线退火工艺欠缺，铜线软化程度不够，造成变压器牵引线圈匝间绝缘电阻降低。

该扼流器在 12 月 10 日上道使用，型号 BE_1 - 1600/25。

4. 存在问题

（1）日常车间对设备电气特性调阅分析不细致，不能全面分析轨道电路的日曲线，对轨道电路电气数据的变化不能及时分析，未采取任何措施。

（2）干部、职工技术业务不熟，发生 25 Hz 轨道电路的设备故障后，车间在设备故障查找中不能准确判断设备故障位置，盲目更换器材，浪费了大量的时间。

5. 采取措施

（1）加强职工技术业务的培训。对新业务知识进行全面的培训，集体组织学习，争取尽快掌握设备的电气原理及维修方法。

（2）对新开站的轨道电路电气特性全面的进行比较分析，发现电气数据变化要及时查找。

三、东兴站 3DG 红光带故障

1. 故障概况

2008 年 12 月 19 日 23:50，东兴站 3DG 轨道电路红光带。20 日 0:24 恢复。1:23 再次发生，1:25 登记停用下行进站允许信号，使用引导信号接车。2:56 设备恢复正常开通使用。

影响车次:177 次 1:42 停车,1:47 开。

2. 处理过程

12 月 20 日 1:24,电务值班副工长、信号工接到车站设备故障的通知后,立即赶到运转室进行确认。1:25 登记相关信号设备停用,并通知车间值班干部。信号工随即赶到现场进行查找。车间干部于 1:40 赶到东兴站。经调阅微机监测发现,3DG、5 -9DG 受端电压值同时发生变化。3DG 电压为 6.65 V、5 -9DG 电压为 12.2 V。现场经过对 3DG 轨道电路设备全面检查,测试送端轨面电压时有时无,与随后赶到的段长、电务处安全科科长、段质检科工程师、安调科工程师、车间主任等共同对故障进行查找,发现 3DG 与 5 -9DG 交界处北股绝缘两侧的扣件封连轨道夹板,造成轨端绝缘被封连,致使 3DG、5 -9DG 轨道电压数据发生变化,3DG 出现红光带。当时要求在场的东兴养路工区工长进行了现场拆除,红光带马上消失,轨道电路各项数据恢复正常,电务登记开通使用。

3. 故障原因

3DG 与 5 -9DG 交界处北股绝缘两侧的扣件封连轨道夹板,造成轨端绝缘被封连,致使 3DG、5 -9DG 轨道受端电压下降,使 3DG 区段出现红光带。

4. 存在问题

(1)日常设备巡视不认真,存在只巡不检的问题。巡视不能及时发现问题,巡视质量低。

(2)设备故障处理不及时,发生设备故障后,对设备检查不细,不能全面地检查设备情况,致使故障延时过长。

5. 采取措施

(1)加强工电结合部设备整治和巡视检查,发现问题及时与工务联系进行处理,避免设备隐患存在。

(2)加强对新设备的调阅和分析,及早发现设备数据的变化情况。

(3)加强设备的巡视检查。日常在设备巡视检查时要全面细致。设备巡视工作要责任到人,工区在设备巡视中要具体工作具体安排。提高设备巡视质量,减少设备故障的发生。

四、乌海西站 30DG 电压、相角变化大故障

1. 故障概况

2010 年 1 月 16 日至 1 月 30 日,乌海西站 30DG 电压从 20 V 变为 10 V、相角从 86°变为 46°。

2. 处理过程

此故障持续时间较长,始终未找到故障原因,车间更换了多个器材无果,在无奈的情况下提高了轨面电压,使继电器勉强维持工作。后向教育科请示,最终找到了故障原因,通过更换适配器故障恢复。

3. 原因分析

通过车间干部与教育科沟通,分析电路原理认为造成电压和相角同时变化的原因只有防护盒和适配器不起作用,为此教育科建议更换防护盒和适配器。依照先易后难的原则,先更换了防护盒,故障没有恢复,后更换了适配器,故障彻底消失,说明造成故障的原因为适配器故障。为了更进一步说明故障原因,将适配器断路器闭合、断开时的电气数据列表,见表 3－2。

表 3－2　适配器断路器闭合、断开时电气数据与故障数据对比

	闭合时送端电压(V)	闭合时受端电压(V)	断开时送端电压(V)	故障时送端电压(V)
BG 一次	207	2.5	207	207
BG 二次	5	32	5	5
限制电阻	2.4		4	3.8
HLC 端电压	8.5	9		
BE 一次	0.85	0.85	0.45	0.44
BE 二次	2.6	2.4	1.5	1.5
轨　面	2.4	2.3	0.45	0.44
相位角		86°	50°	46°

4. 吸取的教训

(1)发生故障找不到原因要及时与上级部门沟通,切不可为了逃避责任、逃避处罚而隐瞒不报。

(2)不可采用盲目提高轨道电压的方法恢复故障,在本案例中提高轨道电压的方法恢复故障似乎是没有后果,但是如果造成分路状态下继电器不落下,可能导致故障升级,会带来更严重的影响。

(3)加强电路原理的学习,提高分析问题的能力和水平,或者遇到现场解决不了的问题,及时与技术、教育部门沟通,寻求解决问题的办法。